영국
　　영어
이렇게
다르다

> 개정판

영국 영어
이렇게 다르다

초판 1쇄 발행 2019년 8월 19일
개정판 1쇄 발행 2024년 7월 5일

지은이 고지인
펴낸이 김영훈
편집 눈씨
디자인 김미숙

펴낸곳 안나푸르나
출판신고 2012년 5월 11일
주소 경기도 고양시 덕양구 꽃내음 3길 33, 천변풍경
전화 070-4799-5150   **팩스** 0504-849-5150
전자우편 idealism@naver.com

ISBN 979-11-86559-86-4 (03740)

* 저자와의 협의로 인지는 붙이지 않습니다.
* 이 책은 저작권법에 따라 보호받는 저작물이므로 무단 전재와 복제를 금하며,
  이 책의 내용 전부 또는 일부를 이용하려면 반드시 저작권자와 안나푸르나의 서면 동의를 받아야 합니다.
* 유통 중에 파손된 책은 구입하신 서점에서 바꾸어 드리며, 책값은 뒤표지에 있습니다.

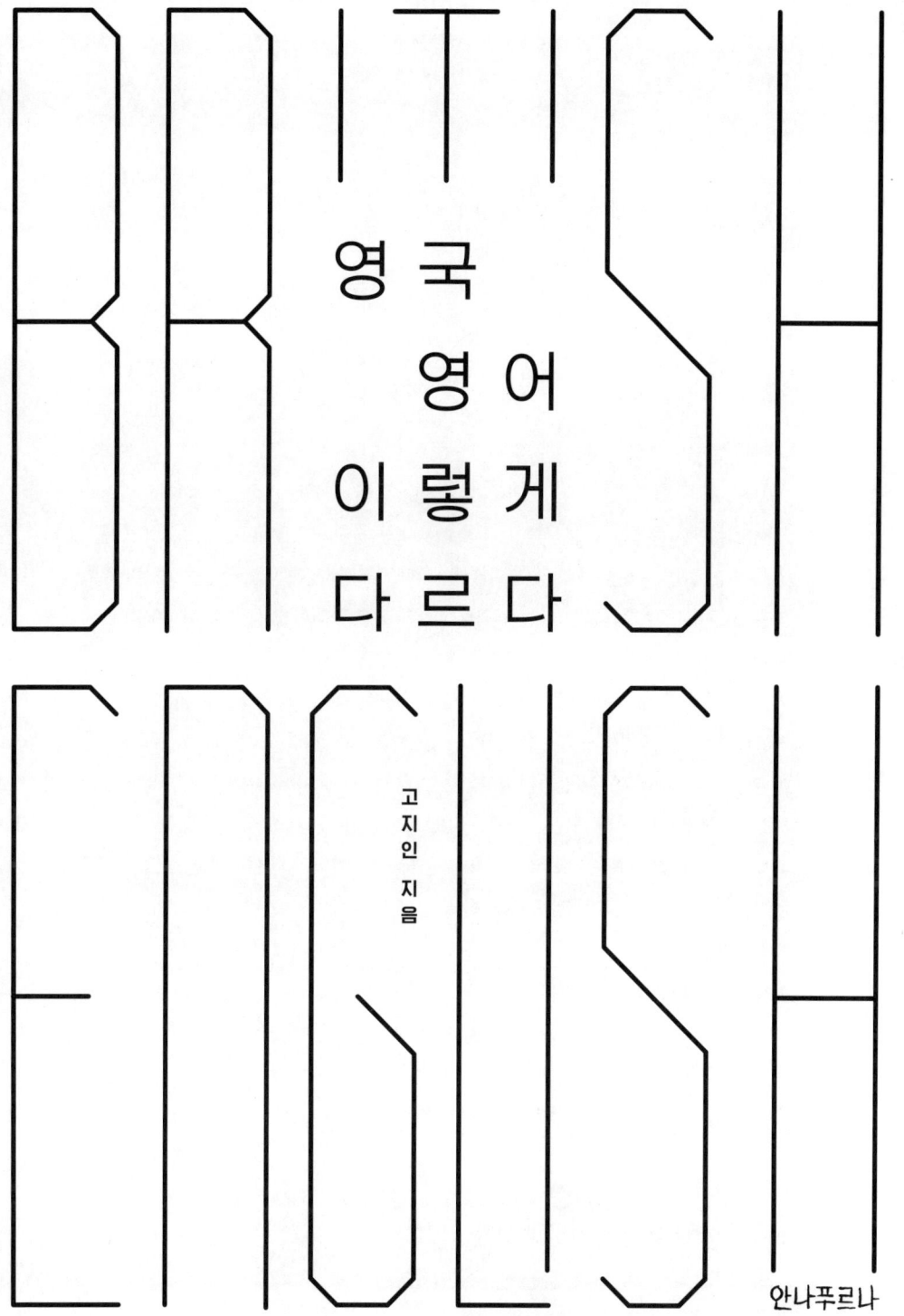

PROLOGUE

파리를 방문했던 관광객들, 주로 일본인들이 많이 겪는 증상 중 파리 증후군(Paris syndrome)이라는 것이 있다. 본인이 상상했던 파리와 실제로 경험한 파리의 괴리감이 너무 커 우울증 및 정신적 충격이 나타나는 증후군인데, 나는 런던에 다녀온 후 그와는 정반대 증상을 겪었다. 아무런 기대도 하지 않고 떠났던 런던에서 비록 짧은 시간을 보냈지만 그 시기는 나의 정신세계에 막대한 영향력을 끼쳤으며, 너무 아쉬운 나머지 귀국 후에 후유증까지 겪었다. 회색빛 하늘, 당장이라도 굴뚝에서 연기가 솟아오를 것 같은 적갈색 벽돌 건물들, 비가 흩뿌리는 날에는 우산조차 쓰지 않다가 잠깐 해가 비추면 좋아하는 책과 와인을 들고 공원으로 달려가는 사람들, 오후 다섯 시면 문을 닫아버리는 카페와 오락가락하는 날씨 탓에 겪는 불편함, 사람들의 느긋함 또는 게으름마저도 오랫동안 그리워했다.

내가 영국에서 몸으로 부딪치며 얻은 영국과 영어에 대한 지식은 이후 수많은 책들과 음악, 드라마, 영화 들을 먹으며 살이 붙었다. 그 몸집이 점점 커지자 어떤 방법으로든 쏟아놓지 않으면 안 되는 상황에까지 이르렀다. 원래 음악을 배우러 영국에 갔었지만 그보다 훨씬 더 많은 것을 얻었다. 서서히 이런 기억들이 희미해질까 두려워서 런던을, 영국을 바다 건너에서 바라보고 음미하며 이 유구한 역사를 자랑하는 곳을 알리는 데 작게나마 일조하기로 했다. 이것이 내가 영국에 대해 아는 모든 것을 기록하기로 한 이유, 또 기록해야만 하는 이유다.

시중에 영국에 관련한 책은 수없이 많지만 대부분이 여행 중심이고, 영국 영어에 관한 책들은 출간된 지 너무 오래된 것들 일색이거나 언어학적인 부분에만 초점을 맞춰서 전공자가 아니고서는 이해하기 어렵다. 그래서 나는 영어와 문화, 문학을 아우르면서도 너무 학구적이지 않은, 그렇다고 또 너무 가볍지 않은 책을 쓰려고 했다.

이 책에 담긴 영국을 바라본 관점과 견해는 일부분 편협하고 미화되었을 수도 있다는 말을 먼저 하고 싶다. 이는 나의 주관적 시각에 대한 독자의 비난과 채찍질을 미리 피해가고자 하는 궁색한 변명이기도 하다.

이 책은 역사책이 아니다. 여행서도 아니고 그렇다고 문화인류학적 관점에서 영국인의 특성을 파악한 책도 아니다. 단지 영국이라는 나라와 언어에 호기심을 가진 사람들이라면 누구나 맛있게 먹을 수 있는, 영국의 문화와 예술 등의 재료로 보기 좋게 또 흥미롭게 요리한 한 끼 식사와도 같은 책이다. 더불어 느지막이 아침 티를 곁들이며 가볍게 읽으면서 지식과 상식을 함께 얻을 수 있는 그런 책이 되었으면 한다. 나 역시 책을 쓰며 많은 배움이 있었고, 그토록 그리워하는 런던에서의 삶을 상상할 수 있어 즐겁고 행복했다.

Our story is all quite beautiful. I add a few touches here and there and it makes a whole string of perfect moments. Then I close my eyes and I try to imagine that I'm still living in it.

— 『Nausea』, Jean Paul Sartre

우리들의 모든 이야기는 꽤 아름답죠. 그 이야기에 여기저기 조금 덧붙이기만 하면 그것은 일련의 완벽한 순간들이 된답니다. 그러면 나는 눈을 감고 내가 아직도 그 속에서 살고 있다고 상상하려 하죠.

— 장 폴 사르트르, 『구토』, 1938

목차

PROLOGUE 4

PART 1. 영국 영어를 공부하려면 알아야 할 것들

CHAPTER 1. 영국인은 매일 이렇게 말한다
1. 필수적인 일상 표현 14
   - 기본 표현 16 | 화폐 23 | 화장실 24
2. 점잖게 욕 잘하는 영국인의 슬랭 27
   - 욕 슬랭 28 | 짜증, 분노 슬랭 30 | 긍정적인 슬랭 31 | 파티 슬랭 33 | 축구 슬랭 36 | 그 밖의 슬랭 38
3. 영국인이 주로 쓰는 말은 따로 있다 46

영국 슬랭 퀴즈 54

CHAPTER 2. 영국 영어와 미국 영어, 무엇이 다를까
1. 영국 영어 vs. 미국 영어 58
   - 표현 60 | 스펠링 64
2. 영화, 드라마 속 영국 영어와 미국 영어 67

CHAPTER 3. 영화, 드라마, 음악으로 영국 영어를 익혀라
1. 영어 공부가 되는 영화, 드라마 보는 방법 74
2. 영국 영어 공부를 위한 추천작 76
   - 짧고 굵게 보는 영국의 역사 86
3. 영화, 드라마에서 찾은 영국 영어 94
4. 영국 음악에서 찾은 영국 영어 107

PART 2. 영국에서 만난 진짜 영국과 영어

CHAPTER 4. 영국에는 수많은 영국 영어가 있다
1. 영국 영어가 하나가 아닌 이유 120
2. 영국의 대표적 지역 방언 123

CHAPTER 5. 영국인의 일상으로 본 영국적인 삶
1. 영국인은 정원 있는 집을 사랑한다 136
2. 일상에서 발견한 가장 영국적인 문화 138
3. 매너가 영국인을 만든다 151

CHAPTER 6. 영국의 얼굴, 로열패밀리
1. 영국 왕실을 알면 영국이 보인다 162
2. 영국 왕실의 최신 역사 164
3. 영화, 드라마에 비친 영국 왕 이야기 169

PART 3. 문학과 성경으로 깊게 읽는 영국 영어

CHAPTER 7. 영국을 대표하는 문학과 작가
1. 고전 영문학에서 길을 찾다 182
2. 영문학을 빛낸 위대한 작가들 184
3. 영화, 드라마로 재탄생한 영국 문학 199

CHAPTER 8. 킹 제임스 성경과 영국 영어
1. 킹 제임스 성경이 영국을 만들었다 216
2. 킹 제임스 성경에서 나온 숙어들 222
3. 제임스 왕 이야기 227
4. 영국 영어를 둘러싼 역사 230

EPILOGUE 236
BIBLIOGRAPHY 238

＃ PART 1.

영국 영어를 공부하려면 알아야 할 것들

Brave New World

'먹을 것이 떨어지는 권리, 내일 무슨 일이 일어날지 몰라서 끊임없이 불안에 떨 권리, 온갖 표현할 수 없는 고민에 시달릴 권리'. 올더스 헉슬리의 소설 『멋진 신세계(Brave New World)』에서 조직화된 안락한 삶을 권고하는 총통 무스타파 몬드에게 문명화된 세계에 적응하지 못한 야만인 존이 인간이라면 자연히 받아들이고 겪어야 할 그 모든 것을 요구한다며 선포하는 권리들이다. 과연 우리는 완벽하게 계획된 삶이 주는 편안함을 포기하고 새로운 세계에 겁 없이 발을 들여놓는 용감한 자들이 될 수 있을까.

2011년 무턱대고 뛰어들었던 런던은 내가 본래 속해 있던 편리함이 가득한 세계에 비해 '조금 덜 멋진 신세계'였다. 느린 서비스, 예측 불가능한 날씨, 밤에 하는 활동은 포기해야 하는 그 세계는 온갖 불편함과 불합리를 경험함과 동시에 예술적 지각과 상상력, 인문학의 권위를 맛보게 해주었다. 이 모든 것은 어느새 서서히 스며들더니 나의 사고체계를 완전히 뒤집어놓았다. 어쩌면 잠재됐던 기질이 영국이라는 매개체와 접촉하며 일으킨 반응일 수도 있다.

수백 년간의 이야기를 고스란히 담고 있는 빛바랜 건물과 모두에게 열린 박물관, 지하철역을 빼곡하게 채운 전시회 광고, 한 손엔 커피를, 다른 손엔 책과 신문을 든 이들을 통해 나는 예술과 문화, 언어가 주는 힘을 만끽했다. 그 같은 경험은 서울이라는 도시에서 바다를 건너 유럽에 처음으로 발을 디딘, 문학과 음악을 사랑하는 나라는 사람의 마음을 사로잡기에 충분했다.

You are now
In London, that great sea, whose ebb and flow
At once is deaf and loud, and on the shore
Vomits its wrecks, and still howls on for more.
Yet in its depth what treasures!
— Percy Bysshe Shelley

당신은 지금 런던에 있다.
죽은 듯 조용했다가도 곧 시끄러워지는 밀물과 썰물,
잔해들을 토해내면서도 더 많은 것을 향해 울부짖는 그 위대한 바다.
그 깊은 곳에 있는 보물들이란!
— 퍼시 비시 셸리, 시인

CHAPTER 1.

영국인은 매일
이렇게 말한다

1. 필수적인 일상 표현

영어는 전 세계에서 29퍼센트나 되는 인구가 모국어, 공용어, 제2 외국어로 쓰는 세계적인 공용어로, 많은 한국인들의 머리를 쥐어짜게 만드는 애증의 언어이기도 하다. 29퍼센트의 영어 사용 인구 중 미국식 영어를 쓰는 사람들은 약 2억 4천만 명이다. 그렇다면 영국식 영어를 쓰는 인구는 몇 명이나 될까? 놀랍게도 미국식 영어 사용자의 네 배나 되는 약 10억 명이다. 이 수치는 영국에서 비롯된 영어의 세계적 영향력을 증명한다. 그럼에도 불구하고 아직 많은 이들이 미국 영어를 영어의 기준으로 알고 있다. 미국이 국제사회에서 가진 파워 덕분일 것이다.

지금 영국은 인지도로 보나 영향력으로 보나 고집 세고 보수적인 속 빈 강정 같은 나라지만 한때 지구의 4분의 1이 이 고고한 섬나라 앞에 무릎을 꿇었고 여전히 52개국이 영국연방(Commonwealth of Nations)[1]에 가입되어 있다. 영국 영어가 지구 곳곳 퍼져 있는 이유다. 그렇다면 영국 영어는 과연 미국에서 쓰는 영어와 얼마나 다른 걸까.

2011년 9월, 런던에 처음으로 발을 디딜 때까지 안이하게도 별다른 준비를 하지 않은 탓에 첫날부터 곤혹을 치렀다. 근거 없는 자신감으로 대학원에서 지원하는 픽업 서비스를 신청하지 않아서 히드로공항에서 학교 기숙사가 위치한 런던 동부의 뉴 크로스(New Cross)까지 혼자 대중교통을 이용해 갔는데 양손에 각각 든 캐리어들과 어깨에 멘 백팩과 기타, 그리고 홍콩에 잠깐 경유하면서 산 이케아의 침구류는 그 긴 여정을 더욱 힘겹게 했다. 특히 낑낑대며 겨우 탄 버스에서 캐리어

---

[1] 영국과 과거 대영제국의 일부이던 국가들로 구성된 조직.

를 사람들이 지나다니는 통로에 놓았다는 이유로 운전사에게 온갖 호통과 잔소리를 들었을 때는 어찌나 마음이 불편하던지! 학교에 도착한 뒤 사무실에서 열쇠를 받아 기숙사까지 걸어가는데 지칠 대로 지쳐서 10분도 안 되는 거리가 1시간쯤 걸리는 듯했다. 그때 깨달았다. 런던에서의 나날들은 꽤 고되고 요란스러울 것임을.

혈혈단신으로 런던에 발을 디딘 순간까지 나는 영어 실력만큼은 남들보다 뛰어나면 뛰어났지 절대 뒤처지지 않는다고 생각했다. 학교에 가면 친구들을 금방 사귀고 수업도 문제없이 따라가서 바로 런던 예술 사회의 일원이 될 줄 알았건만 런던은 그렇게 호락호락한 도시가 아니었다. 신참이 오면 일단 한번 튕겨보는 아직도 콧대 높고 도도한 그런 곳이었다.

대부분의 인터내셔널 학생들은 학기가 시작하기 한두 달 전에 미리 와서 적응 기간을 거치거나 파운데이션(foundation)이라는 1년짜리 과정을 밟으며 실제 학기에 대비한다. 그런 철저한 학생들에 비해 나는 대범하게도 학기 시작 일주일 전에야 런던에 도착해 별 준비조차 없이 수업에 들어갔다. 수업 시작 5분 만에 자신감이 바닥나며 혼란을 겪은 것이 당연했다.

첫 수업은 그야말로 패닉이었다. 2시간 동안 그저 고개만 끄덕였을 정도였다. 기숙사로 돌아와 다시 머리를 쥐어짜봐도 수업 때 무엇을 들었고, 무엇을 배웠는지 전혀 생각나지 않았다. '첫날이어서 그래. 몇 번만 더 수업을 들으면 금방 괜찮아지겠지.' 위안하고 나름대로 영어 공부를 했지만 일주일이 지나도 2주가 지나도 마찬가지였다. 마네킹처럼 교실에 앉아 있다가 기숙사로 돌아와 책상에 머리를 박는 일들이 반복됐다. 내가 정말 영어를 못 해서인가? 아니면 영국 영어가 내게 익숙한 미국 영어와 마치 서울말과 제주도 사투리만큼이나 달라서인가? 그러다 결국 내가 지금까지 영국 영어를 너무 만만하게 생각했다는 결론에 도달했고 안일한 마음을 접고 기초부터 다시 공부하기로 결심했다.

일단 영국에 가기로 마음먹었다면 기본적으로 어느 정도 꼭 준비를 하길 권한다. 안 그러면 나처럼 낭패를 보기 십상이다. 영국인이 말하는 속도와 억양, 자주 쓰는 단어들에 익숙해지기 위해 먼저 영국 미디어를 접하는 것이 좋다. 처음엔 잘 느껴지지 않겠지만 점차 영국에서 쓰는 단어와 표현이 따로 있다는 것을 알게 될 것이다. 이는 흔히 미국 영화나 드라마에서 접했던 표현들과, 또 우리가 중고등학교 시절 배웠던 미국식 영어와 비슷하면서도 또 다르다. 게다가 영국에서만 쓰이는 단어와 표현들은 생각보다 꽤, 아니 아주 많다.

■ 기본 표현

잠깐의 여행이라도 제대로 영국식 영어와 문화를 즐기고 싶다면 일상에서 사용하는 표현들을 미리 알아가는 것은 필수다. 화장실만 하더라도 영국인이 주로 쓰는 단어가 따로 있고 그 흔하디흔한 '감사합니다.'라는 말도 영국에서는 'Thank you.' 보다 더 자주 쓰는 표현이 있다. 이 밖에도 영국에서는 훨씬 더 많은 생소한 표현들을 곳곳에서 만날 수 있다.

Cheers: 영국에서는 'Thank you.'보다 'Cheers.'가 압도적으로 많이 쓰인다. 레스토랑에서 음식이 나왔을 때 이 말을 써보자. 술을 마시며 '건배!'를 외칠 때도 사용된다.

Hiya: 'Hello.' 혹은 'Hi.'와 동일한 표현이다. 영국에서 단 며칠만 지내도 영국인들이 이렇게 말하는 모습을 많이 볼 수 있다. 카페나 가게의 점원들도 손님을 반갑게 'Hiya.'라며 맞는다. 개인적으로 이 인사가 친근하고 귀여운 느낌이라고 생각한다.

Loo: 일반적으로 화장실을 가리키는 단어 toilet을 귀엽게 표현한 말이다. 발음이 귀엽다 보니 어린이나 젊은 사람만 쓸 것 같은데 실제로는 연령대에 상관없이 두루 쓰인다.

Mate: 원래는 친구라는 뜻인데, 남자들 사이에서 말끝에 별 의미 없이 붙이기도 한다. 아는 사람부터 처음 본 사람에게까지 자연스럽게 쓸 수 있다.

　　◇ A: You've parked in my spot mate.　제 구역에 주차하셨는데요.
　　◇ B: Sorry, mate.　미안합니다.

Bloke: Mate나 guy와 마찬가지로 불특정한 남자를 지칭하는 말이다. 부정적인 뉘앙스가 전혀 없기 때문에 어떤 상황에서나 편하게 쓸 수 있다.

◇ That bloke's staring at me. 저 남자가 날 쳐다보고 있어.
◇ I think I know that bloke. 나 저 남자 아는 것 같아.

Tube: 영국의 지하철은 세계 최초의 지하철이다. 처음에 튜브처럼 둥근 모양으로 만들어져 tube라는 이름이 붙여졌다. 특유의 모양 때문에 가장자리 천정이 조금 낮아서 키 큰 사람은 고개를 숙이고 지하철을 타곤 한다. 요즘은 점차 영국에도 둥글지 않은 일반적인 형태의 지하철이 도입되고 있다.

Underground & Overground: 말 그대로 땅 밑을 다니는 지하철은 underground, 땅 위를 달리는 지상철은 overground라고 한다. Overground는 underground보다 더 최근에 만들어진 게 많아서 내부도 넓고 훨씬 쾌적하다. 한편 underground는 지하철의 정식 용어고 tube는 전국적으로 통용되는 닉네임이다.

Way Out: 미국과 한국에서 exit라고 표기하는 지하철 출구를 영국에서는 way out이라고 한다. 영국의 지하철역에서 출구를 찾는다면 exit 대신 way out 사인을 찾자.

Mind: 런던에서 지하철을 타면 지겹도록 많이 보거나 듣는 문장이 'Mind the gap.'인데 풀이하면 '승강장과 지하철 사이를 조심하라.'는 뜻이다. 이처럼 영국에서는 '조심하다/신경 쓰다'의 의미로 mind를 많이 쓴다. 어두운 영화관이나 공연장에는 '계단을 조심하라.'는 의미의 'Mind the step.', '머리를 조심하라.'는 의미의 'Mind your head.'와 같은 문구가 곳곳에 게시되어 있다. 이외에 '내 일에 신경 끄라.'는 뜻의 'Mind your own business.'라는 표현도 일상에서 많이 쓰인다.

Flat: 영국에서는 모든 형태의 집을 아울러서 flat이라고 칭한다. 특히 집을 구할 때 두루 사용하는 단어다. Apartment는 주로 여러 층으로 지어진 전형적인 형태의 아파트를 가리키고, 주택은 house라고 한다. 영국에서는 아파트보다 주택이 더 보편적인 주거 형태다.

Flatmate: 앞에서 배운 flat(집)과 mate(친구)를 합친 말로 집 하나를 셰어해서 각각 방을 나눠 쓰는 사람들, 즉 roommate(룸메이트)를 일컫는다. roommate도 영국에서 통하긴 하지만 영국인은 flatmate라는 말을 주로 쓴다. flatmate들끼리는 번갈아가며 설거지, 청소 등을 하며 공동 공간이 깨끗하게 유지되도록 하고 공동생활의 에티켓을 지키며 산다.

Mobile: '이동하기 쉬운/움직이기 쉬운'이라는 의미의 mobile은 영국에서 휴대폰을 가리키며 이는 mobile phone의 줄임말이다. 이에 비해 미국에서는 cell phone 또는 cellular phone이라고 한다.
  ◇Have you got a mobile? 휴대폰 갖고 계신가요?

Chips and Crisps: 감자튀김과 감자칩을 좋아한다면 정확한 영국식 단어를 알아두자. 한국인이 보통 생각하는 감자를 아주 얇게 썰어 바삭하게 튀긴 감자칩은 영국에서 chips가 아닌, crisps이다. 또한 한국인이 흔히 프렌치프라이(French fries)라고 부르는 감자튀김은 영국에서 chips라고 한다. Crisps는 마지막 s까지 정확히 발음해야 하는 꽤 까다로운 단어이기도 하다. 한편 미국에서는 감자칩을 (potato) chips라고 하니 헷갈리지 않도록 주의하자.

CV: Curriculum Vitae의 줄임말로 이력서를 뜻한다. 미국에서는 résumé ['rezjumeɪ]라고 하는데 동사 resume[rɪ|zjuːm]과 구분하기 위해 발음에 주의해야 한다. 여담이지만 한 항공편에서 영화를 보다가 잠시 멈췄을 때 화면에 뜨는 다시 재생한다는 의미의 Resume이 '이력서'로 번역되어 있었다. 영국에서 일을 구한다면 CV는 필수인데 우리나라와 달리 사진을 붙이지 않고

또한 서술형이 많다. 이력들을 나열하는 것이 아니라 주로 본인이 어떤 사람인지를 서술한다.

Brilliant: '영국 영어'라는 말을 들었을 때 사람들이 제일 많이 떠올리는 단어 중 하나일 것이다. Excellent, awesome과 비슷한 의미며, 줄여서 brill이라고도 한다. 누군가 좋은 아이디어를 냈을 때 'Brilliant!'라고 외쳐보자.

Bloody: 영국 작가 조지 오웰은 저서 『파리와 런던의 바닥 생활(Down and Out in Paris and London)』에서 bloody란 단어는 당시(1900년대 초)에 남용되고 있으며 몇십 년 내 사라질 것이라 예견했으나 보기 좋게 빗나갔다. 'He's bloody insane(그 사람 완전히 미쳤어).'과 같이 부정적인 뜻을 담아 말할 때 주로 쓰이지만 '진짜 끝내준다.'는 의미의 'It's bloody awesome.'과 같이 긍정문에서도 쓸 수 있다. 하지만 이를 너무 남발하면 영국인 같아 보이고 싶어 안달하는 것처럼 들릴 수 있다는 점을 유의하자.

Top up: 무언가를 '채우다/충전하다'는 뜻이다. 이 말을 가장 많이 볼 수 있는 곳은 지하철의 티켓머신인데, 교통카드 충전을 원할 경우 top up 메뉴를 선택하고 돈을 지불하면 된다. 또한 모바일폰 스토어에서도 이 말이 자주 쓰인다. 월정액이 아닌 미리 지불한 값만큼만 쓸 수 있는 pay as you go로 저장해놓은 금액이 다 소진되면 top up을 해야 한다.

After you: 영국인은 'After you.'라는 말을 정말 자주 한다. 이는 '먼저 가세요/먼저 하세요.'라는 뜻이다. 직역하면 '당신 다음으로 내가 가겠다.'인데 영국인은 버스를 탈 때나 문을 열고 들어갈 때 특히 여자들에게 이 말을 주로 한다. 나는 런던에 있을 때 이런 배려를 받을 때마다 깊이 감동했다. 물론 그들에게는 그저 습관적인 행동이었겠지만.

Innit: Innit은 isn't it의 줄임말로 때에 따라 aren't you?, haven't we? 등 말꼬리에 붙는 의문을 대신하는 멀티플레이어다. 영어가 익숙하지 않다면

'They're on their way here, aren't they(걔네 지금 여기로 오고 있어, 아니야)?', 'We've just arrived, haven't we?(우린 방금 도착했어요, 그렇죠)?'처럼 동사와 주어가 일치하는 용법이 너무나 헷갈리기 마련이다. 영국에서는 특히 이 용법을 유독 많이 쓰는데 이럴 때 innit이 해답이다. 다만 비격식체로 공식적인 자리에서는 쓰지 않는다. 또한 다음의 예시들처럼 right?의 의미로, 또는 별 뜻 없이 문장 끝에 붙여 쓸 수도 있다.

◇He is amazing in that film, innit(isn't he)? 그 배우 영화에서 정말 최고더라, 안 그래?
◇You just wanna see that, innit? 너 저거 그냥 보고 싶은 거지, 그치?
◇I'm still working, innit. 나 아직 일하는 중이잖아.

Alright(All right): 영국인에게 alright는 단순히 '괜찮은'이라는 뜻을 가진 수많은 단어 중 하나가 아니다. 하루에 열 번, 스무 번, 아니 그 이상도 쓸 수 있는 생활에서 떼려야 뗄 수 없는 말이다. 영국인은 친구들끼리 만났을 때 고개를 쿨하게 끄덕이며 'Alright?'라고 가볍게 한마디 던지기도 하고, 'Are you ok?'를 대신해 'Alright?', 또는 'You alright?' 하고 묻기도 한다. 그러면 답변 역시 말꼬리를 살짝 올린 'Alright?'이다. 길에서 발을 헛디디거나 난처한 상황에 처하면 누군가 다가와 의례적으로 'You alright?'라고 물을 확률이 아주 높다. 비가 억수로 쏟아진 날, 노팅힐게이트역 계단에서 썰매를 타듯이 미끄러진 나에게 가장 먼저 들린 말도 'You alright?'이었다.

Bird: 미국에서는 bird가 말 그대로 새지만 영국에서는 여자, 특히 젊은 여자를 뜻한다. 때에 따라 비하하는 것처럼 들리기도 하는데 대부분의 상황에서는 남자를 지칭하는 bloke와 마찬가지로 별 의미 없이 여자를 지칭하는 말이다.

◇Did you see that bird? 저 여자 봤어?

Debit card: 우리나라의 체크카드에 해당한다. 그런데 영국인은 체크카드라는 말을 모른다. 영어로 착각하기 쉬우나 영국에서 은행에 가서 아무리 체크카드를 만들어달라고 해도 아무도 이해하지 못할 테니 주의해야 한다. Debit card는 잔액이 있어야만 사용할 수 있어서 cash card라고도 하며, 신용카드는 credit card라고 한다.

PIN: 카드 결제 시 사인만 하는 우리나라와 달리, 영국에서는 소비자가 점원에게 카드를 건네지 않고 직접 카드를 결제 기계에 삽입한 뒤 'Enter your PIN.'이라는 메시지가 뜨면 비밀번호 네 자리를 입력한다. PIN은 Personal Identification Number(개인 식별 번호)의 줄임말로, 명칭에 이미 number가 포함되어 있으므로 PIN number는 사실 잘못된 표현이다. 하지만 영국인도 이를 자주 오용한다. 2024년, 현재에도 여전히 PIN을 입력하는지 궁금해 검색해본 결과 비대면 결제가 도입되어 PIN 없이도 결제할 수 있다고 한다. 하지만 가끔 PIN을 요구하는 곳이 있기 때문에 알아둬야 한다고 한다.

Sorry: 정말 쉬운 단어지만 이 말이 혀를 떠나 입 밖으로 나오는 습관을 들이는 건 쉽지 않다. 영국에서는 옷깃만 스쳐도 다들 자동적으로 'Sorry.'라고 한다. 살짝 어깨를 부딪치거나 서 있는 사람들 앞을 비집고 가로질러갈 때 'Sorry.'라고 말하지 않는 것은 아주 무례한 행동이다. 누군가 말한 것을 잘 못 들었을 때에도 'Pardon?'보다 'Sorry?'를 더 흔히 쓴다. 한국의 영어 수업에서는 상대방의 이야기를 못 알아들었을 경우에 'I beg your pardon?'이라고 되묻는다고 배우지만 미국에서와 달리 영국에서는 그 말을 잘 쓰지 않는다. 이때 한 방에 통하는 게 'Sorry?'이며 미국에서는 'Excuse me?'도 많이 쓴다.

Cuppa: 차(tea)를 사랑하는 나라, 영국에서 차에 관한 표현들을 모른다는 것은 예의가 아니다. Cuppa는 cup of tea를 줄인 말로, 영국인의 집에 초대되면 'Would you like a cuppa(차 한잔하실래요)?'라는 질문을 받을 확률이 100퍼센트다. 덧붙여 'Do you take sugar/milk(설탕/우유 넣으시나요)?'라는 질문도 연달아 할 테니 본인의 취향에 따라 대답을 미리 준비해두자.

Posh: 생각보다 많이 듣게 되는 단어다. '호화로운/상류층의'이란 뜻으로 사치스럽게 사는 계층을 가리킨다. 런던 남서쪽에 위치한 첼시(Chelsea)는 고급 갤러리와 레스토랑 등이 즐비한 posh area의 전형인데 서울의 청담동 같은 지역이다. 또한 로열 패밀리 및 상류층이 쓰는 액센트를 posh English 또는 posh accent라고 한다. 단어 posh를 말할 때 빠지지 않는 것이 빅토리아 베컴이 스파이스 걸스 시절 얻은 별명인 Posh Spice다.

◇ Look at that posh bird. 저 부티 나는 여자 좀 봐.

Fancy: 영국에서 fancy는 동사로 정말 흔히 쓰인다. Want to~의 의미로 'Fancy a movie(영화 볼래)?'처럼 활용되기도 하고, like의 의미로 'I think he fancies you(걔가 너 좋아하는 것 같아).'와 같이 사용되기도 한다.

◇ I'd so fancy a cup of tea now. 지금 차 한잔 마시면 딱인데.
◇ I just fancied a day off. 그냥 하루 쉬고 싶었어요.

Dodgy: 이 단어는 상황에 따라 조금씩 다른 의미로 쓰인다. 가장 일반적으로는 '의심스러운/이상한'이라는 뜻이며 때에 따라 '위험한'이라는 뜻으로도 꽤 많이 쓰인다. 비슷한 단어로 risky가 있다.

◇ This area is quite dodgy. 이 지역은 꽤 위험해.
◇ This plan seems a bit dodgy, innit? 이 계획은 조금 위험 부담이 있는데, 그렇지 않나요?

Love: 모르는 사람들끼리도 통하는 비공식적인 지칭이다. 'Thank you love.'처럼 문장의 끝에 덧붙인다. 만약 물건을 파는 아주머니가 이렇게 말했다고 해서 특별한 애정을 보였다고 여겨서는 안 된다. 그저 친절을 나타내는 습관적인 표현이기 때문이다. 가장 비슷한 미국식 표현으로는 honey 또는 darling이 있다.

Postcode: 한국에서는 영어 수업 시간에 우편번호를 미국식으로 zipcode

라고 배우는데, 영국에서는 postcode라고 한다. 주소와 관련한 생활 표현들은 미국 쇼핑몰과 영국 쇼핑몰에서 각각 물건을 구매해보면 바로 차이점을 알 수 있다.

■ 화폐

처음 다른 나라에 가면 가장 헷갈리는 것 중 하나가 바로 돈 계산이다. 카페나 슈퍼마켓에서 카드가 아닌 동전이나 지폐로 계산을 할 때 뒤에 줄이 길게 늘어서 있으면 갑자기 당황해 머릿속이 하얘진 경험은 누구에게나 있을 것이다. 특히 산수에 약한 나는 영국의 화폐에 익숙해지는 데 시간이 많이 걸렸다. 그래서 한 무더기의 동전들을 카운터에 펼쳐놓고 점원의 도움을 받아 계산을 한 적도 있고, 캠든 마켓의 옷가게에서 아르바이트를 했을 때는 거스름돈을 잘못 계산해 자비로 구멍 난 매출을 채워놓기도 했다.

그런데 이런 나를 더욱 헷갈리게 만든 건 바로 영국의 수많은 동전들, 그리고 화폐 관련한 표현들이었다. 10원부터 500원까지 동전이 네 개밖에 없는 우리나라와 달리 영국엔 1페니부터 2파운드까지 동전이 여덟 가지다. 게다가 다양한 슬랭까지 있어 나는 동전 사용을 꺼리기도 했다. 하지만 영국은 우리나라만큼 카드 사용이 보편화되지 않아서 생활에서 동전과 지폐로 값을 치르는 경우가 의외로 많다.

영국의 화폐 단위는 파운드(£)며 GBP(Great Britain Pound)로 표기하고, 파운드 스털링(pound sterling) 또는 그냥 스털링이라고도 한다. 가장 작은 화폐 단위는 페니(a penny)로 우리나라의 10원짜리와 비슷하다. 페니가 두 닢 이상일 때는 펜스(pence)라는 단위를 쓰며 간단히 줄여서 p라고도 한다. 100펜스는 1파운드가 되고, 2파운드까지는 동전이며, 5파운드부터 지폐다. 영국 동전에 숨겨진 재미있는 사실은 펜스들을 모두 모으면 방패 모양이 만들어진다는 것이다.

동전(coin): 1p, 2p, 5p, 10p, 20p, 50p, £1, £2

지폐(note): £5, £10, £20, £50

Quid: 미국에선 bucks, 영국에선 quid다. 파운드(pound)를 나타내는 슬랭으로 아주 흔히 쓰인다. 복수형은 없고 단수형으로만 쓰인다.

◇ You owe me 20 quid. 너 나한테 20파운드 갚아야 돼.

Fiver: 5파운드 지폐를 fiver라고 부른다.

◇ All I've got is a fiver. 5파운드밖에 없네요.

Tenner: 10파운드 지폐는 tenner라고 한다.

◇ Have you got a tenner? 혹시 10파운드 있어?

Grand: 1000 단위를 가리킨다. 즉 a grand는 1000, two grand는 2000이다. grand 대신 K를 쓰기도 한다.

◇ His new car costs about twenty five grand.
◇ His new car costs about 25K. 그의 새 차는 약 2만 5천 파운드다.

Note: 미국에서 지폐를 bill이라고 하듯 영국에서는 지폐를 note라고 한다.
◇ Could you lend me a 10-pound note please? 혹시 10파운드 지폐를 빌려주실 수 있나요?

■ 화장실

영국뿐 아니라 유럽에는 우리나라만큼 공중화장실이 많지 않다. 그렇기에 영국을 여행하거나, 영국에서 생활할 때 외출하는 경우라면 하루에도 몇 번씩 화장실을 물어물어 찾아다니게 되는데 이 화장실을 가리키는 슬랭이 꽤 많다. 영국인의 특성과 기질을 다룬 책 『영국인 발견』에서는 중상층이나 상류층은 loo 또는 lavatory를 쓰고 중하층 또는 하류층[2]은 toilet를 쓴다고 밝힌다. 이처럼 화장실 표현만으로도 계급을 유추할 수 있을 만큼 영국에서 슬랭이 차지하는 역할은 크다.

Loo: 이미 앞에 언급했지만 워낙 자주 쓰이는 중요한 단어이니 한 번 더 익히자.

◇ I need the loo. I've had too much coffee. 화장실 가야겠다. 커피를 너무 많이 마셨네.

Lavvy: 변기 또는 화장실을 가리키는 단어 lavatory의 줄임말이다.

Bog: Toilet와 동의어다.

Bog roll: Bog가 화장실이니 bog roll은 당연히 화장지다.

◇ We're out of bog roll! 화장지 다 떨어졌다!

Piss: 영국에서 piss는 문맥에 따라 다양한 의미로 사용된다. 화장실 관련해서는 소변을 뜻한다.

Wazz: Piss와 동의어다.

◇ I'm gonna go for a wazz. 쉬하고 올게.

Spend a penny: 직역하면 '나 1페니 쓰러 다녀올게.'라는 이 문장은 '화장실 다녀오겠다.'는 관용적 표현이다. 이 관용어는 1페니로 문을 열던 구식 화장실 시절에 생겨났다고 한다. 사실 영국엔 유료 화장실이 많아서 동전으로

---

2 여기에서의 하류층은 과거의 하류층을 가리킨다. 현재는 하류층, 상류층을 명확히 구분하진 않지만 오래전 관습이 현대까지 이어져 계층에 따라 단어나 액센트를 다르게 사용한다.

사용료를 내고 들어가거나, 백화점 및 레스토랑 화장실에서 손님의 편의를 위해 이런저런 일을 하는 toilet guy 또는 toilet lady에게 팁을 줘야 하는 경우가 많아서 동전이 필요하다. 지금은 관용구처럼 1페니는 턱도 없고 50펜스에서 1파운드 정도는 지불해야 한다.

2. 점잖게 욕 잘하는 영국인의 슬랭

영국인은 다른 나라 사람들에 비해 전반적으로 조용하다. 듣기 싫게 크고 거슬리는 톤으로 말하는 사람을 별로 본 적이 없다. 소음에 극도로 민감한 편인 내가 런던의 공공장소에서 정말 시끄럽다고 느꼈던 순간은 손에 꼽을 정도인데 그것도 대부분은 여행 온 외국인들 때문이었다. 물론 영국인 중에도 예외는 있다. 간혹 2층 버스 맨 뒷자리에 앉아 음악을 크게 틀어놓는 사람도 있지만 일부에 해당하는 이야기고, 대부분의 영국인은 나긋나긋한 말투와 억양으로 말한다.

이렇게 조용하고 점잖은 영국인이 잘하는 것 두 가지가 있다. 하나는 유머(humour)고 다른 하나는 아이러니하게도 욕(swearing/cursing)이다. 외국어를 배울 때 비속어부터 배운다는 말이 있는데 특히나 영국에는 창의적이고 자극적이고 신랄한 비속어가 셀 수 없을 만큼 많으니 각오를 하는 것이 좋다. 그중 몇몇은 수위가 너무 높아서 아예 사용하지 않는 게 나은 말도 있지만, 영국인은 워낙 흔하게 쓰기도 하고 때론 친근한 표현으로 쓰므로 각 단어들의 뉘앙스를 알아두면 유용할 것이다. 여기에서는 특수한 경우를 제외하고 비속어, 욕과 관련한 모든 말들을 '슬랭'이라고 통칭하겠다.

■ 욕 슬랭

영국의 공영방송은 그 어느 나라보다 비속어 및 관련 표현에 관대하다. 그래서 영국 미디어에서는 비속어가 맛을 첨가하는 조미료 역할을 한다. 본인이 직접 쓰게 될 일은 없더라도 영국인의 현실적인 대화를 이해하고 즐기기 위해 알아두도록 하자.

Twat: 약간 과장하자면 이 말은 영국을 대표하는 슬랭이라고 할 수 있다. [twæt]라고 발음하며 화가 많이 났을 때나 누군가가 정말 짜증나는 행동을 했을 때 쓴다. 사전엔 '등신/멍청이'라고 정의되어 있는데, 강도가 조금 높은 슬랭이며 친근감을 나타내는 표현으로는 쓰지 않는다. 때로는 여성의 신체 부위를 가리키기도 하니 상황에 따라 주의해서 써야 한다.

◇What a twat! 저런 등신!

Nutter: 미친놈이라는 뜻으로, 우리에게 보다 익숙한 단어는 미국에서 많이 쓰는 nuts일 것이다. 영국에서는 nutter를 쓰며 이는 nutcase에서 파생된 단어로 'He's nutty(그는 미쳤어).'처럼 형용사로도 사용한다. 영국 북부에서는 nut을 '박치기를 하다'라는 뜻의 동사로 많이 쓴다. 즉 headbutt과 같은 의미다.

◇He's a complete nutter. 완전히 미친놈이야.
◇I absolutely nutted that nutter. 내가 그 미친놈 제대로 머리로 들이받았지.

Wanker: Twat와 비슷한 뜻으로 영국인이 아주 많이 쓰는 욕 중 하나다.

Tosser: 역시 twat, wanker와 비슷한 단어다. 잘난 척하거나 거들먹거리는 사람들에게 쓴다.

◇You've been a useless tosser. 넌 그동안 정말 쓸데없는 멍청이같이 굴었어.

Knobhead: 미국 영어 dickhead의 영국 버전이다.

◇You frigging knobhead! 이 빌어먹을 병신 새끼!

Daft: '바보 같은/어리석은'이라는 뜻인데 앞의 표현들과는 다르게 약간 긍정적인 의미로도 쓴다. 잘못을 저지른 친구가 자책할 때 옆에서 '바보같이 굴지 마.'라고 위로하고 싶다면 'Don't be daft.'라고 말해보자.

Mental: 직역하면 '정신의/마음의'라는 뜻이지만 실제로는 crazy라는 뜻이다. 생활에서 정말 많이 쓰는 단어다.

◇He went absolutely mental! 완전히 정신이 나갔다니까!

Cow: 여성을 비하하는 말이다. 예를 들어 'You silly cow(멍청한 년).'라고 쓰는데 웬만하면 쓰지 않는 것을 추천한다.

Cunt: 영국에서 참 많이 쓰이긴 하지만 사실은 cow보다 더 써서는 안 되는 단어다. 한번은 수업 시간에 수강생들에게 이 단어를 설명한 적이 있는데 그 중 직장인이 회사에서 컨설턴트를 줄여서 '컨트'라고 한다고 해서 기겁한 적이 있다. 그 수강생에게 명칭을 반드시 다르게 약칭하라고 조언했을 만큼 이 단어는 입 밖으로 함부로 내뱉어서는 안 될 말이다. 하지만 욕을 좋아하는 영국인이 이 단어를 자주 안 쓸 리 없다.

Tart: 통상적으로 파이(pie)라는 뜻이지만 영국에서는 헤픈 여자, 창녀라는 의미로도 많이 쓰인다. 한국에서 'I'm Tart'라고 적힌 타르트 가게의 간판을 보고 깜짝 놀란 적이 있다. 형용사형인 tarty라고 썼거나 tart 앞에 관사 a를 붙였더라면 문법적으로도 완벽해서 더욱 놀랐을 것이다. 아마 영국인이 그 간판을 본다면 아주 의아해거나 머릿속이 이상한 상상으로 가득 차거나 둘 중 하나일 것이다.

기타: Bonkers(복수형으로 쓴다), prick, plonker, slag, git, pillock, prat, twit, berk, bint, minger, trollop 등도 영국인이 쓰는 슬랭이다. 그리고 실제 이런 단어가 방송에 그대로 나온다. 이 다양하고도 입에 착 달라붙는 슬랭을 보면 영국인이 가히 슬랭을 만들어내는 귀재임을 부정할 수 없다.

■ 짜증, 분노 슬랭

'신사의 나라' 영국에 사는 사람들은 왠지 짜증도 분노도 없고 언제나 온화하고 젠틀한 미소를 짓고 있을 것만 같다. 하지만 화가 났을 때 쓸 수 있는 슬랭의 양만 본다면 영국인은 그 어느 민족보다도 짜증과 분노가 많을지 모른다.

Bugger/bugger off: 배우 휴 그랜트가 출연하는 영화를 몇 번 봤다면 그가 습관적으로 'Oh, bugger.'라고 말하는 장면을 본 적이 있을 것이다. 이 말은 damn과 같이 별 뜻 없이 짜증을 표현할 때 쓰인다. 거기에 off가 덧붙여져 'Bugger off.'가 되면 '꺼져.'라는 뜻이 된다.

Sod/sod off: Sod는 누군가를 욕하는 명사로도 사용할 수 있으나 off와 함께 사용하는 경우가 더 많고 이 경우 역시나 '꺼져.'라는 말이다. 여기에서 비롯된 형용사가 sodding인데 '빌어먹을'이라는 의미로 쓸 수 있다. 또한 sod it라고 쓰면 give up의 뜻이 된다.

　　◇Sod off you sodding sod! 꺼져 이 빌어먹을 재수 없는 놈아!
　　◇Wanna just sod it and go home? 그냥 다 관두고 집에 갈래?

Piss off: '꺼져.'라는 말이다. 영국인은 꺼지라는 말을 할 상황이 많은가 보다.

Bollocks: 실수를 했거나 무언가 맘에 안 드는 일이 일어났을 때 내뱉는 말이다. Bullshit와 같은 뜻으로 영국에서 정말 많이 들을 수 있는 단어다. 재미있는 것은 영국 북부엔 dog's bollocks라는 표현이 있는데 이때는 완전히 반대로 '정말 좋은 것'이라는 뜻이 된다.

◇ Bollocks! Can't believe I missed it. It was the dog's bollocks…. 젠장! 내가 그걸 놓치다니. 진짜 최고였는데….

Arsed: 미국에 ass가 있다면 영국엔 arse가 있다. 영국인의 자존심을 건드리지 않으려면 골칫거리라고 말할 때 pain in the ass 대신 pain in the arse를 쓰자. 'I can't be arsed.'처럼 수동태로 쓰면 '(귀찮아서) 할 가치가 없다/하기 싫다'는 뜻이 된다. 이는 영국인이 정말 많이 쓰는 'I can't be/couldn't be bothered.'와 비슷한 맥락이다.

Fume: Fume은 본래 '연기/가스 등을 뿜다'를 뜻하는 동사다. 몹시 화가 나 머리에서 김이 나는 상태를 상상하면 되겠다.

◇ Aargh!!! I'm fuming! 으악!!! 열받아!

Shite: 'Shit.'의 또 다른 표현이다. 원래는 아일랜드에서 쓰이던 표현이었는데 지금은 영국 내에서도 두루 쓰인다.

Vexed: '화난/짜증난/골치 아픈'이라는 의미다.

◇ I'm so vexed but I don't know why…. 너무 짜증이 나는데 왜 그런지 모르겠어….

■ 긍정적인 슬랭

이번에는 긍정적인 슬랭을 배울 차례다. 무언가를 좋다, 싫다고 표현할 형용사나 부사가 딱히 생각나지 않는다면 영국인이 입에 달고 사는 lovely와 awful을 써보라. 두 형용사로 해결이 안 된다면 다음의 표현들을 활용해보자.

Stunning: Stun이라는 동사를 수동태로 활용한 be stunned라는 표현은 '어안이 벙벙한/정신이 멍한'이라는 뜻이다. 그리고 stunning은 정신이 멍해질 정도로 멋지고 아름다운 것을 표현할 때 쓰는 형용사다.

◇ Who's that stunning lady! I'm stunned. 저 눈부신 여인은 누구지! 기가 막히네.

Wicked: 간단히 말해 쿨하다는 뜻이다. 사악하다는 의미의 wicked와 스펠링 같지만 맥락에 따라 뜻이 완전히 바뀐다.

◇ Have you checked out their new tune? It's wicked. 걔네 새 앨범 들어봤어? 장난 아니더라.

Fit: 아주 매력적인 사람을 봤을 때 사용하면 된다. 가령 '오, 훈남인데!'라고 말하고 싶다면 'Wow. That guy is fit!'라고 하면 된다. 미국에서는 fit보다 hot이 통한다.

Cracking: Very good의 영국식 표현이다. 페이스북에 영화 「킬빌」 사운드 트랙을 올리면서 'Cracking sound track(죽이는 사운드 트랙).'이라고 적었더니 영국인 친구가 'You learned British English(영국 영어 배웠네)!'라는 댓글을 남긴 적이 있다.

Ace: Brilliant, awesome과 비슷한 뜻으로 쓸 수 있다. 특히 영국의 북부 도시 리버풀에서 많이 사용한다.

Blinding: 너무 눈부셔 눈이 멀 정도(blind)로 멋지다는 뜻이다.

◇ This view is blinding. 눈부시게 멋진 전망이네요.

Nice one: 누군가 훌륭한 일을 했을 때 'Good job.' 대신 'Nice one.'이라고 할 수 있다.

Jammy: '운이 좋은'이라는 단어 lucky와 동일한 뜻이다. 비슷한 단어로 spawny와 flukey가 있다.

◇ Mate, you are so jammy! 야, 너 진짜 운 좋다!

Fab: Fabulous를 줄여 fab라고 한다. Cool과 같은 뜻으로 뭔가 끝내준다는 점을 강조할 때 쓴다.

◇ This is the car I told you about. Isn't it fab? 이게 내가 말한 그 차야. 대박이지?

■ 파티 슬랭

친언니가 3주간의 런던 방문을 마치고 한국으로 돌아가기 바로 전날 밤이었다. 그제야 언니가 여태껏 런던의 펍을 방문하지 않았다는 사실을 깨달았다. 마침 우리는 분위기 좋은 카페와 레스토랑이 많은 햄스테드 하이스트리트에 있었고 저녁 9시 반이라 맥주 한잔하기에는 딱 좋은 시간이었다. 부리나케 한 펍으로 들어갔는데 바로 "10시에 문 닫는데 괜찮나요?"라고 물어왔다. 한국에서는 10시에 영업을 마쳤다가는 얼마 못 가 아예 가게 문을 닫게 될 텐데 역시나 영국은 달랐다. 겨우 30분밖에 영업시간이 남지 않은 시각이어서 우리는 쫓기듯 맥주를 한 파인트씩 벌컥벌컥 들이켜고 그곳을 나왔다.

가게들은 언제 문을 닫을지 모르고 거리는 초저녁부터 쥐 죽은 듯 조용해지는 영국에서는 하우스파티 문화가 발달했다. 주택가를 걸어가다 보면 왁자지껄 파티가 열리고 있는 집을 심심찮게 볼 수 있을 정도다. 런던에 살 때 나 역시도 사람들을 자주 집에 초대했고 또한 초대받았다. 그래서인지 파티와 관련된 슬랭이 많다. 여기서는 담배와 술과 관한 슬랭도 다루도록 하겠다.

Do: 그 흔하디흔한 동사 do가 아닌 파티를 뜻하는 명사다. 비슷한 단어로 bash가 있다. 우리에겐 아주 생소할지 몰라도 영국에서는 정말 흔히 쓰이는 말이다.

◇ Mark's having a birthday do this Friday. 마크가 이번 주 금요일에 생일파티를 한대.'

Knees up: 역시 파티를 의미하며 주로 음주가무, 특히 춤이 포함된 파티를 말한다. Knees가 들어간 표현 중에 up to one's knees가 있는데 '(일 등에) 파묻히다'라는 완전히 다른 뜻이니 혼동하지 않도록 한다.

◇ A: Let's have a good knees up this weekend. 이번 주말에 괜찮은 파티 어때?
◇ B: I wish I could but I'm up to my knees in work⋯. 나도 그러고 싶은데 일 때문에 꼼짝을 못 하네⋯.

Stag: 결혼 전 신랑이 친구들과 하는 총각파티인 bachelor party를 수사슴이라는 뜻의 단어 stag를 써서 stag night 또는 stag라고 한다. 여자들의 혼전 파티는 미국에서는 bachelorette party, 영국에서는 hen party 또는 hen night이다.

Pissed: 술 취한 상태를 가리키며 비슷한 뜻으로 bladdered와 hammered가 있다.

◇ I got totally pissed last night. 나 어젯밤에 제대로 취했어.

Plastered: Pissed보다 조금 더 많이 취한 상태일 때 쓴다.

◇ You're right plastered mate. 너 지금 만취했어.

Blotto: '만취한/고주망태가 된'이라는 뜻이다.

◇ Don't come home blotto or I'll kick you out! 고주망태로 집에 들어오면 쫓아내버린다!

Shitfaced: 역시 '만취한'이라는 뜻이다. 영국인의 술을 향한 사랑은 세계적으로 유명한데 그래서 이런 슬랭이 많은가 보다.

◇ Let's get shitfaced tonight. 오늘 밤 제대로 취해보자.

Pub crawl: 펍을 이곳저곳 전전하며 술을 먹는 행동을 말한다. 우리나라에서 2차, 3차로 술 마시는 것과 비슷하다. 술집을 나타내는 pub과 '기어가다'의 crawl이 합쳐진 단어로 만취 상태에서 다음 술집으로 기어간다는 의미일지도.

Fizz: 샴페인과 스파클링 와인을 뜻한다. Fizzy라고 형용사로 활용하면 '거품이 난다'는 뜻이며, 탄산수는 fizzy water라고 하면 된다.

Pint: 'a pint'는 약 568cc로 우리나라의 일반적인 맥주 한 잔보다 조금 더 많은 양이다. 영국의 펍에서 맥주를 시킬 때 반드시 알아야 하는 단어다.

◇ A pint of lager please. 라거 맥주 한 잔이요.

Booze: 술을 말한다. 미국에서도 같은 뜻으로 사용되며 술판을 벌이는 걸 booze up이라고 한다.

Fag: 담배다. 영국인은 cigarette 대신 fag라는 단어를 주로 사용한다. 담배꽁초 역시 cigarette butt이 아닌 fag end라고 한다. 한편 fag는 미국에서 게이를 칭하기도 해서 오해를 일으킬 수 있는 말이다.

Baccy: 영국은 담뱃값이 워낙 비싸기 때문에 흡연자들은 비용을 아끼려고 담배를 직접 말아 피기도 한다. Baccy는 일반 담배를 가리키기도 하지만 주로 말아 피는 담배를 말한다. 한편 대마초는 wacky baccy라고 한다.

■ 축구 슬랭

축구에 관한 슬랭을 빼놓을 수 없다. 영국인은 자신이 응원하는 팀을 애정을 듬뿍 담아 'my team'이라고 부르는데 아들이 아기일 때 아빠가 이미 서포트할 팀을 정해줄 정도다. 축구 경기가 열리는 날에는 펍들이 응원하는 사람들로 가득 차고 길거리에선 함성과 고함이 울려 퍼진다. 우리나라 사람들이 월드컵 때 하는 것처럼 자신이 서포트하는 팀의 유니폼을 입고 페이스페인팅을 하고 거리를 활보한다.

'영국 축구'라고 하면 아직까지도 많은 사람들이 훌리건을 떠올리는데 나 역시도 2012년 런던 올림픽, 한국과 영국 단일팀[3]의 경기가 있던 날 내심 걱정이 됐다. 그때 한국인 지인들, 영국인 친구와 함께 펍에서 경기를 관람했는데 중요한 경기가 있을 때마다 꽉꽉 들어차는 펍은 생각보다 꽤 한산했다. 경기 결과는 승부차기 끝에 대한민국의 승리였고 한국으로부터 조심해서 귀가하라는 문자들이 왔다. 집에 가는 길 내내 은근히 긴장하기까지 했지만 그날 밤은 너무나 평화로웠다. 아마 영국인이 열광하는 월드컵이나 EPL(잉글랜드 프리미어 리그)이 아닌 올림픽 경기여서 그랬을 가능성이 크지만 어쨌든 영국인의 축구에 대한 공격적이고 난폭한 태도는 예전과 달리 많이 바뀌었다.

미지근했던 그날과는 대조되게 맨체스터유나이티드와 맨체스터시티의 더비 매치[4]가 있던 어느 날은 분위기가 완전히 달랐다. 펍마다 그 경기를 관람하려는 축구광들로 가득 차서 입구마다 경호원이 입장을 통제했고, 나와 친구들은 소호 거리의 펍을 네다섯 군데나 돌아다닌 후에야 이미 사람들로 꽉 찬 펍에 비집고 들어가 앉지도 못한 채 서서 겨우 경기를 볼 수 있었다.

---

3   연합 국가인 영국에는 잉글랜드, 스코틀랜드, 웨일스, 북아일랜드마다 축구협회가 있다. 올림픽은 국가별로 출전해야 하는데 축구 종주국인 영국이 2012년 자국에서 열린 올림픽에 참여하지 않을 수 없었기에 각국의 협회에서 선수들을 구성해 '영국(Great Britain)'이라는 이름으로 단일팀을 결성했었다.
4   같은 도시나 지역을 연고로 하는 팀끼리의 경기.

Football: 우리에게 흔한 단어는 soccer다. 하지만 축구에 엄청난 자부심과 애착이 있는 영국에서 soccer라는 단어를 입에 올리면 따가운 눈총을 받을 수 있다. 축구의 종주국임을 무척 자랑스러워하는 영국에서 축구는 football이다. 유명 토크쇼인 「제임스 코든의 레이트 레이트 쇼」에서 잉글랜드의 한 축구 선수에게 미국 팬들을 위해 soccer라고 말하라고 했지만 끝까지 그것만큼은 못 하겠다고 그 선수가 버틴 적도 있다.

Footie: football의 슬랭이다.

Match: 경기를 뜻한다. 한국어로 해석했을 때 game과 동일한 뜻이지만, match는 두 팀이 서로 싸우는 이벤트 자체를 말하고 game은 그 두 팀이 하는 각 경기를 가리킨다.

Nil: 0을 의미하며 특히 축구의 점수를 말할 때 쓴다. 3:0일 경우 three nil이라고 한다.

Park the bus: 마치 골대 앞에 버스를 주차해놓듯 방어한다는 의미다. 첼시의 감독이었던 조세 무리뉴가 철통 수비를 한 상대팀에게 차라리 팀 버스를 경기장으로 몰고 들어와 골대 앞에 세워두지 그랬냐고 한 말에서 비롯된 표현이다.

Put it in the mixer: 이 말에서 mixer는 페널티 에어리어를 뜻한다. 작동 중인 믹서처럼 경기 또한 광란의 도가니이기 때문에 그렇게 빗댄 표현이다. '공을 믹서에 집어넣어라.'는 팬들의 말은 곧 위험을 감수하고라도 골을 얻기 위해 페널티 에어리어 쪽으로 길게 패스하는 모험을 하라는 것이다. 비슷한 표현으로 'Bang it in the mixer.'가 있다.

They got stuck in: '투지를 갖고 열광적으로 무언가를 하다.'라는 뜻으로 경기 내내 결단력 있는 자세로 승리를 위해 아주 열심히 뛴 팀을 향해 하는 말이다.

Six pointer: 비슷한 리그 포지션에 있는 팀끼리 하는 경기를 가리킨다.

It's a game of two halves: 해석하면 전반전, 후반전으로 나뉘어져 있는 90분의 경기 동안 무슨 일이라도 일어날 수 있다는 말로, 속뜻은 '곧 상황이 바뀔 수 있다.'는 것이다.

What a howler: Howler는 어이없는 실수다. 이 말은 황당한 실수를 한 선수, 특히 골을 막지 못한 골키퍼나 자책골을 넣은 선수에게 외친다.

We was robbed: 부당하게 졌다고 생각할 때 내뱉는 말이다. 특히 심판의 판정이 석연찮을 때 쓴다.

■ 그 밖의 슬랭

Blimey: 충격 또는 놀라움을 나타낼 때 쓴다.

◇Blimey! Did you see the size of that rat? 맙소사! 저 쥐 크기 봤어?

Knackered: 피로해서 녹초가 되었다는 뜻으로 정말 피곤하거나 지쳤을 때 쓴다. 한번은 캐나다인 친구에게 'I'm knackered(너무 피곤하다).'라고 했더니 처음 듣는 말이라며 신기해했다. 이처럼 미국식 영어를 쓰는 곳에서는 생소한 표현이지만 영국에서는 tired만큼이나 자주 쓴다. 비슷한 말로 zonked out이 있다.

Sack: '해고하다'라는 의미의 슬랭이다. 한국인에게 익숙한 단어인 fire보다 훨씬 더 많이 쓰이며 뉴스 기사의 제목에서도 자주 볼 수 있다. 전 미국 대통령 도널드 트럼프의 유행어인 'You're fired(넌 해고야)!'를 영국 영어 버전으로 말하면 'You're sacked!'이다.

Blud: Blood brother(피를 나눈 형제)와 bredrin(친구)에서 파생된 말로 형제처럼 친밀한 사이끼리 서로를 지칭하는 단어다. 습관처럼 문장의 끝이나 중간에 붙이기도 한다. 주로 10대, 20대 남자들이나 흑인들 사이에 쓰이며 공식적인 자리에서나 영국 표준 영어를 쓰는 사람들은 쓰지 않는다. 비슷한 단어로 mate와 bruv가 있다.

Chav: White trash(백인 쓰레기)라고도 한다. 노동 계급(working-class)이지만 브랜드 로고로 치장된 옷(특히 트레이닝복)과 화려한 액세서리를 휘감고 다니는 백인들을 경멸적으로 부르는 용어다.

Bender: 게이를 뜻한다. 또 다른 말로 poof 또는 poofter가 있다.

Bum: 노숙인을 가리킨다. 언젠가 영국인 친구가 '영범'이라는 한국인의 이름을 'Young Bum(젊은 노숙자)'이라고 해석한 적이 있다. Bum은 또한 '엉덩이'라는 뜻도 있다.

Doobie, zoot, spliff: 모두 마리화나를 의미한다. 누군가 이런 단어들로 유혹한다면 위험할 수 있으니 조심하자.

Crikey: '아이고, 저런!'이라고 말할 때 쓴다.

　　◇Crikey, something must've gone wrong. 저런, 뭔가가 잘못됐나 봐요.

Haggle: 무언가를 살 때 하는 흥정을 의미한다. 특히 벼룩시장에서 haggle은 필수다.

Tad: '조금'이라는 뜻이다.

◇ Just a tad please. 조금만 주세요.

Wee: 스코틀랜드 사람들이 쓰는 말로 tad와 마찬가지로 '조금'이라는 의미며 주로 wee bit이라고 한다. 한편 wee는 소변을 가리키기도 하니 주의해야 한다.

◇ I'm a wee bit sleepy. 살짝 졸리다.

Lad: '사내/청년'을 의미한다. 여자는 lass라고 한다.

◇ Come, follow me lads. 남자들은 절 따라오세요.

Grim: 때로는 '최악', 때로는 '암울한'이란 뜻이다.

◇ The meal was so grim. 최악의 식사였다.
◇ The vibe in the room was so grim. 방 안의 분위기는 암울했다.

Smug: '우쭐해하는'이라는 뜻의 형용사로 누군가 거만을 떨거나 으스댈 때 쓴다.

◇ Don't be such a smug. 너무 우쭐대지 마.

Mug: 명사로 쓰일 때에는 컵, 동사나 동명사로 쓰일 때에는 동사로 쓰일 때에는 강도짓을 한다는 의미다. Fool처럼 '속이기 쉬운 사람'을 가리키기도 한다. 시트콤 '프렌즈'에서 로스가 mugged 되는 장면이 있는데 미국에서도 통용되는 말이다.

◇ I've just been mugged. 나 방금 뻥뜯겼어.

Whinge: '투덜거리다/불평하다'라는 뜻이다. 미국에서는 whine라는 단어를 더 많이 쓴다.

◇ Stop whinging about and do something! 그만 투덜거리고 뭐라도

좀 해!

Gutted: '(기분이) 처참한/실망한'이라는 뜻으로 disappointed보다 강도가 센 표현이다.

◇ I was absolutely gutted by the news of my ex getting married. 전 여자 친구의 결혼 소식에 기분이 아주 처참했다.

Barmy: Stupid 또는 crazy와 같이 '미쳤다'는 뜻이다.

◇ She is just a bit barmy. 그 여자 약간 맛이 갔어요.

Pikey: 부랑자를 뜻하며 집시를 가리키기도 한다.

Scouser: Scouse라고도 한다. 리버풀 출신의 사람을 가리키는 말이다.

Skive: 아프다고 거짓말을 하거나 어떤 변명을 대고 일이나 학교를 빼먹는 것을 가리킨다. 쉽게 말하면, 땡땡이치는 것이다.

◇ I skived off work. 나 일 땡땡이쳤어.

Skint: 돈이 한 푼도 없는 상황이다. 비슷한 단어로 broke가 있다.

◇ I'm so sorry I'm totally skint. 진짜 미안한데 나 땡전 한 푼도 없어.

Gormless: '바보 같은'이라는 의미다.

◇ I just stood there looking gormless. 나는 그저 바보같이 거기에 서 있었다.

Wonky: 무언가 불안정하거나 기우뚱한 상태를 가리킨다.

◇ That table looks a bit wonky. 테이블이 약간 기우뚱해 보이는데.

Cock up: '준비/조직상의 실수'를 말한다.

◇ The whole project was a cock-up. 그 프로젝트 전체는 실패였다.

Kerfuffle: '요란 법석/소동'이다.

◇ Quite a kerfuffle it was, wasn't it? 꽤 요란 법석이었어. 그치?

Scrummy: Scrumptious와 yummy의 합성어로, 아주 만족스럽고 맛있는 음식이나 그런 상태다. 매력적인 사람을 묘사할 때 쓰기도 한다.

◇ This cake is scrummy! 이 케이크 진짜 맛있다!
◇ My boyfriend is quite scrummy. 내 남자 친구 꽤 핫해.

Ruddy: Bloody를 쓰는 게 어색하다면 ruddy를 써보자. 섹시하고 멋있는 사람을 가리킬 때 쓰기도 한다.

◇ Where is the ruddy key! 이 망할 열쇠는 어디에 있는 거야!
◇ What a ruddy good looking fella! 어쩜 저렇게 섹시한 남자가 있을까!

Blooming: Ruddy, bloody, damned와 같은 의미로 무언가 부정적인 것을 강조할 때 쓴다.

◇ The rent is blooming expensive. 월세가 짜증나게 비싸.

Chuffing: Chuff는 영국 슬랭으로 '기쁘게 하다'는 의미지만, chuffing은 아이러니하게도 '빌어먹을'이라는 뜻이며 f***ing의 또 다른 표현이다.

Owt: Anything이라는 뜻이다. Nowt는 반대로 nothing을 뜻한다.

On about: 'What are you talking about?'과 'What are you on about?'은 둘 다 '무슨 말을 하는 거야?'라는 의미다. 특히 영국에서는 후자가 아주 흔

히 쓰인다.

◇What on earth are you on about? 대체 무슨 얘길 하는 거야?

I'm not bothered: '신경 안 쓴다'는 뜻이다. 'I don't care.'도 같은 의미인데 'care' 대신 'bother'를, 능동태 대신 수동태로 쓴 셈이다.

◇I'm not bothered whether you like it or not. 네가 좋아하든 싫어하든 신경 안 써.

Chat up: 그냥 대화한다기보다는 말로 누군가를 꼬드기거나 유혹한다는 의미다.

◇A: Where's Dave? 데이브 어딨어?
◇B: He's chatting up that bird over there. 저기에서 여자 꼬시고 있지.

Take the mickey out of someone: '놀리다/웃음거리로 만들다'는 뜻이다.

◇You're taking the mickey out of me. 너 지금 나 놀리는 거지.

Take the piss: 주로 '너 장난해?'라는 의미로 쓰이지만, 바로 앞에 나왔던 take the mickey와 같이 단순히 '놀리다/장난하다'는 의미일 때도 있다.

◇Don't get mad. I'm just taking the piss. 화내지 마. 그냥 놀리는 거야.
◇Are you taking the piss? 너 지금 장난하니?

Slag someone off: '험담하다'의 의미로 '~를 씹다'라고 해석할 수 있다.

◇He goes behind my back and keeps slagging me off. 그 사람 자꾸 뒤에서 내 욕을 하고 다녀.

Muck around: 할 일을 제대로 하지 않고 빈둥거리거나 노닥거리는 상황을 가리키며 muck about이라고도 한다.

◇ I just wanna muck around all day long. 그냥 하루 종일 빈둥거리고 싶다.

Crack on: 하던 걸 계속해서 얼른 끝내버리자고 할 때 쓴다.

◇ Let's crack on with it, shall we? 하던 일이나 계속할까요?

Made redundant: '정리 해고를 당하다'는 의미로서 수동태로 쓴다.

◇ My colleague has been made redundant. 내 직장 동료는 정리 해고 됐다.

At the end of one's tether: 속수무책인 경우에 사용하며 '(인내심 또는 능력이) 한계에 다다랐다'는 뜻이다.

◇ I don't know what to do. I'm at the end of my tether. 뭘 해야 할지 모르겠어. 정말 속수무책이야.

Bob's your uncle: '식은 죽 먹기'라는 뜻이다. 무언가를 이행할 때 그게 얼마나 쉬운지 표현하는 말인데, 예를 들어 어떤 기계를 조작하는 방법이나 요리 과정을 하나하나 차근차근 알려준 후 마지막에 덧붙인다. 'That's it.' 대신 쓸 수도 있다.

◇ Mix all the ingredients and Bob's your uncle! 모든 재료를 섞으면 끝!

Lose one's bottle: 어떤 일을 하려다 용기를 잃거나 두려워하는 상황을 나타내는 표현이다. 비꼬는 투로 쓸 수 있다.

◇ Why, did you lose your bottle? 왜, 쫄았냐?

Leg it: '도망가다'의 비격식인 '튀다'라는 뜻으로 꼭 'it'과 함께 써야 한다.

◇ There was nothing I could do but to leg it. 도망가는 것 외에는 할

수 있는 게 없었다.
◇ Leg it! 튀어!

Not my cup of tea: 영국에서는 본인이 좋아하는 것이 아닌 것을 지칭할 때 tea를 사용한다. 번역하면 '내 스타일 아니야.'이다.

◇ Hiphop's not everyone's cup of tea. 모든 사람이 힙합을 좋아하진 않는다.
◇ A: How was the date? 데이트 어땠어?
　B: Well…. He wasn't my cup of tea. 뭐…. 내 스타일은 아니었어.

Warts and all: Wart는 피부에 나는 사마귀를 말하는데 warts and all은 직역했을 때 '사마귀와 같은 것들까지 다'라는 말이다. 즉 '~의 나쁜 점들까지 모두/있는 그대로'라는 뜻이다.

◇ I love him warts and all. 그의 있는 그대로를 사랑해요.

TTFN: Ta-ta for now의 줄임말이다. Ta-ta는 goodbye라는 뜻으로 메신저에서 많이 쓰인다. 일상에서도 끝인사로 'ta-ta.' 또는 'ta-ra.'라고 할 수 있다.

3. 영국인이 주로 쓰는 말은 따로 있다

'다 같은 영어인데 영국이라고 뭐 다르겠어?'라고 생각할 수 있다. 물론 영어는 전 세계에서 통하지만, 분명 영국에서 더 흔히 쓰이는 단어나 표현이 있다. 예를 들어 영국에서는 too보다 as well을, movie보다는 film을 더 많이 쓴다. 공항에선 baggage보단 luggage이고 마트에선 shopping cart가 아닌 trolley를 이용해 장을 보고 elevator가 아닌 lift를 탄다. 'Good morning.'보단 'Morning.'을, 우리가 학창 시절 지겹도록 외웠던 'I'm fine and you?'보다는 'How about you?'를 쓰는 영국인의 영어를 살펴보자.

As well: '또한/역시'라는 뜻이다. 앞서 말했지만 영국인은 as well을 정말 많이 쓴다.

　◇I'll have the same one as well please. 저도 똑같은 걸로 할게요.

Film: Movie와 동의어인데 영국에서는 movie보다 film을 더 많이 사용한다.

Not at all: 누군가 'Thank you.'라고 했을 때 우리에게 너무 익숙한 'You're welcome(천만에요).'보다 'Not at all(아녜요/괜찮아요).'이라고 하는 게 훨씬 더 영국적인 대답이다.

Vacancies: 영국에서 일자리를 구하고 싶다면 이 단어에 집중해야 한다. 공석이란 뜻으로, 상점이나 기업 웹사이트에 vacancies라는 머리말로 채용 정보가 올라온다.

Assistant: 영국에서 아르바이트를 구하려고 웹사이트를 뒤지다 보면 sales assistant라는 말이 눈에 띈다. Assistant는 '조수/보조'라는 의미며, sales assistant는 salesperson, clerk와 같은 말이다.

Coach: 말이 끌고 가는 마차가 떠오르겠지만 사실은 도심 지역을 운행하는 버스를 가리킨다. 런던 빅토리아에는 서울의 고속버스터미널과 비슷한 빅토리아코치스테이션(Victoria Coach Station)이 있다.

Cul-de-sac: 길을 걷다 보면 cul-de-sac이라고 적힌 표지판을 볼 수 있다. 출구가 없는 막다른 길(dead-end-street)을 가리키며 프랑스어에서 유래했는데, 영국, 미국을 비롯한 많은 영어권 국가에서 사용된다.

Diversion: 흔한 로드사인 중 하나로 우회 노선을 뜻한다. 미국에서는 이 단어보다는 detour가 자주 쓰인다.

Give way: 한국인이 일반적으로 '양보하다'라는 뜻으로 알고 있는 yield 대신, 영국에서는 '길을 내주다'라는 의미로 give way를 쓴다. 특히 영국의 교통 표지판에서 흔히 볼 수 있다.

Lay-by: 운전자가 잠시 쉴 수 있는 일시 정차 가능 구역 또는 긴급 대피 구역이다.

Transport: 대중교통을 영어로 public transportation이라고 하는데 영국은 transportation이 아닌 transport를 쓴다. Transport는 '수송/이동'이라는 의미다. 런던교통공사의 공식 명칭도 'Transport for London'이다.

Lounge: 영국에서는 거실을 가리킬 때 아주 평범한 단어인 living room보다 reception room 또는 그냥 reception이나 lounge라고 한다.

Amenities: 아파트나 주택 또는 빌딩에 있는 편의 시설을 amenities라고 한다. 미국에서는 facilities라고 한다.

Fitted: '딱 붙어 있는'이란 뜻으로 건물과 관련해 활용된다. 특히 fitted carpet(바닥 전체에 깔린 카펫), bedroom with a fitted wardrobe(붙박이 옷장이 있는 침실) 등은 집을 구할 때 자주 접할 수 있는 표현이다.

Hoover: 청소기다. 브랜드가 일반적인 명칭으로 자리 잡은 대표적인 예로 Hoover는 원래 영국에서 아주 흔한 Henry the Hoover라는 청소기를 가리키는데, 이 제품은 마치 얼굴이 그려진 장난감처럼 생겨서 유명하다. Hoover는 vacuum이라는 단어와 쓰임이 동일하며 동사로 주로 쓰인다. 영화 〈나홀로 집에 2〉에서 최고급 호텔에 혼자 묵게 된 케빈에게 직원이 Herbert Hoover(전 미국 대통령)도 여기 묵었었다고 자랑하는데 케빈이 'The vacuum guy(청소기 아저씨요)?'라고 답한다.

◇ Are you going to hoover it? 청소기를 돌릴 건가요?

Wash up: 'Do the dishes.'와 같은 뜻으로 dish라는 단어가 들어가진 않았지만 '설거지하다'라는 말이다. 일반적으로 세수를 하거나 무언가를 씻는다는 의미로도 쓴다.

High street: 런던의 거리 이름들을 살펴보면 Kensington High Street, Camden High Street와 같이 high street라는 단어가 붙은 경우가 흔한데 이는 번화가를 뜻한다. 특히 쇼핑으로 유명한 거리를 지칭하며 우리나라로 치면 명동이나 홍대 거리 같은 곳이다. 그리고 이런 번화가에 있는 H&M, Urban Outfitters, Uniqlo 등의 SPA 브랜드들을 high street brand라고 한다.

Jumper: 한국인은 점퍼를 아우터의 의미로 쓰지만, 영국과 유럽에서는 스웨터를 점퍼라고 한다. 옷가게에서 아우터를 찾는다면 jacket이나 coat처럼 더 구체적인 단어를 써야 한다.

West End: 미국에 Broadway가 있다면 영국엔 West End가 있다. 런던 중심지 서쪽의 극장과 공연장이 모여 있는 지역을 일컫는다. 코벤트 가든, 소호, 본드 스트리트 등이 이 지역에 포함된다. 영국 뮤지컬과 연극의 메카라고 할 수 있다.

Duvet: Duvet는 솜이 들어 있는 이불로, 이케아나 가구점에 가서 이불을 살 때 알아두면 유용하다.

Free-range eggs: 슈퍼마켓의 계란 중에서 free-range eggs라고 적힌 제품은 방목한 닭이 낳은 계란이므로 가격이 조금 더 비싸다.

Trolley: 우리나라에서 트롤리는 보통 짐을 옮길 때 쓰는 바퀴 달린 이동식 선반이지만 영국에서는 쇼핑 카트며 shopping trolley라고도 한다.

Grub: 음식의 비격식 표현이다.
  ◇ Hey, do you wanna get some grub first? 먼저 뭐 좀 먹을까?

Mince: 음식을 주문하거나 재료를 살 때 유용한 단어다. Mince는 '갈다/다지다'라는 뜻으로 mincemeat pie 또는 minced meat noodle 등 음식명에 많이 쓰인다.

Prawn: 영국에서 shrimp는 칵테일새우처럼 작은 새우를 가리킨다. Prawn은 shrimp보다 더 큰 새우다. 우리가 일반적으로 생각하는 칵테일 새우보다 더 큰 새우는 prawn이라고 한다. 영국의 영향을 받은 홍콩이나 싱가포르에서도 큰 새우로 요리한 경우에 prawn noodle, prawn soup 등으로 표기한다. [praʊn]으로 잘못 발음하는 경우가 많은데 오히려 '프론'과 가까운 [prɔːn]이 맞는 발음으로 말할 때 유의해야 한다.

Monger: 상인을 뜻하며 다른 단어들과 결합되어 자주 쓰인다.

◇I have to go to the fishmonger's. 생선 가게에 다녀와야 해.

Hairdresser: 영국에서 여성이 주로 가는 미용실에 가고 싶다면 간판에서 hairdresser를 찾으면 된다. 미용실 이름에 barber shop이나 beauty parlor를 사용하는 경우도 있지만 hairdresser가 더 널리 사용된다.

Fringe: 우리가 흔히 '뱅(bangs)'이라고 부르는 앞머리를 영국에서는 fringe라고 한다.

◇I'd like to get my fringe trimmed. 앞머리를 조금만 다듬어주세요.

Full stop: 마침표. 미국에서 쓰는 period 대신 영국에서는 full stop을 쓴다.

GCSE: 중학생이 보는 중등교육 수료 시험인 General Certificate of Secondary Education의 줄임말이다. 고등 과정은 A-level이라고 한다.

Hall: 인터넷에서 학교 기숙사를 알아볼 때 키워드 dormitory로 검색하니 호스텔만 나와서 헤맸었다. 나중에야 영국에서는 공공 숙소를 hall(또는 hall of residence), 학교 기숙사를 student hall이라고 한다는 것을 알았다.

Number 10: 런던의 다우닝가(Downing Street) 10번지에 위치한 영국 수상 관저를 Number 10이라고 부른다.

(the) Yard: 런던경찰국이다. 원래는 Scotland Yard(스코틀랜드 야드)로 이를

줄여서 Yard 또는 The Yard라고 한다. 런던 경찰국인데 왜 '스코틀랜드' 야드일까? 전해오는 이야기에 의하면 경찰국 창설 당시 스코틀랜드 대사관이 있던 Great Scotland Yard 거리 가까이에 위치해 있었기 때문이라고 한다. 셜록 홈스 또는 영국 추리물을 좋아하는 사람이라면 꼭 알아야 하는 단어다.

The Met: 미국에서 The Met는 메트로폴리탄 박물관(Metropolitan Museum)을 뜻하지만 영국에서는 경찰(Metropolitan Police)을 의미한다.

Insect: 영국에서는 bug라고 하면 대부분 빈대(bedbug)를 가리키고 그 외 일반적인 곤충을 말할 때에는 insect를 쓴다.

Life vest: 구명조끼인 life jacket과 동의어다.

Forged: 위조라는 뜻으로 counterfeit와 동의어다.
　◇It was a forged note. 그것은 위조된 지폐였다.

Fortnight: 2주를 뜻한다. 마치 고전에서나 나올 법한 고지식한 단어처럼 들릴 수 있지만 영국에서 아주 흔하게 사용된다.
　◇I will see you in a fortnight. 2주 뒤에 뵈어요.

Newsreader: 말 그대로 뉴스를 읽어주는 사람, 아나운서다. Presenter라고도 한다.

Nick: '무언가를 훔치다'라는 뜻의 steal이라는 단어 대신 널리 쓰이는 영국 슬랭이다.
　◇Tim got caught nicking his mum's money. 팀은 엄마의 돈을 훔치다 걸렸다.

Nippy: 춥다는 뜻이다.

Passage: '통로/복도'를 나타내는 corridor와 동의어다.

Plaster: 원래 회반죽이라는 뜻으로 보통 깁스나 붕대를 가리키며, 때로 반창고를 칭한다. 앞서 소개했듯 동사로 '술에 취하다'는 뜻도 있다.

Snog: Kiss의 다른 말이다. BBC에는 「Snog Marry Avoid?」라는 프로그램이 있었다. 한 독특한 스타일의 여성을 선정한 뒤 남성들에게 묻는 것이다. 그 여성과 키스(snog)할지, 결혼할지(marry), 아니면 선택하지 않을지(avoid)를. 만약 선택하지 않는다는 남성이 많을 경우 그 여성의 독특한 스타일을 호감형으로 바꿔주는 내용이었다.

Toff: 상류 사회 사람을 깔보는 식으로 지칭하는 말이다.

Top: 주로 'top oneself'와 같이 재귀대명사와 함께 쓰이며 kill의 동의어다. 우리에게는 낯선 표현이어도 실제로는 흔히 쓰인다.

◇Did you see the news? He topped himself. 뉴스 봤어? 그 사람 자살했대.

Under offer: 한국에서 건물 또는 집 등을 판매한다는 광고 현수막을 종종 볼 수 있는데, 이때 사용하는 '매매'라는 말과 같은 의미다.

Wheeze: 아이디어 또는 계획을 말한다.

◇What a good wheeze! 아이디어 괜찮네요!

Cheeky: '건방진/발칙한'이라는 뜻의 형용사다.

◇You cheeky bastard! 건방진 자식!

Have a go at: 누군가를 콕 집어 놀리거나 타깃으로 삼는 것을 말한다.

◇ Don't get me wrong. I'm not having a go at you. 오해하지 마. 너한테 뭐라 하는 건 아냐.

Bang on: '굉장한/멋진'이라는 뜻으로 요리 대결 방송 프로그램인 「마스터 셰프 UK(Master Chef UK)」에서 평가자인 셰프가 제대로 요리된 음식을 맛본 후 자주 내뱉는 말이다. 간이 '아주 딱 맞게 되었다.'는 뜻으로 쓰인다.

Bent: 동성애자를 나타내는 형용사. 명사형으로 bender라고도 한다.

◇ I knew he was bent. 게이일 줄 알았어.

Bloater: 뚱뚱한 사람. 부풀다는 뜻의 동사 bloat를 활용한 말이다.

Boss-eyed: 사시. 미국에서 squint-eyed 또는 cross-eyed라고 하는 데 비해 영국에서는 boss-eyed라고 한다.

End: 어떤 것의 끝부분, 꽁지 등을 나타낼 때 영국에서는 butt보다 end를 잘 쓴다. 예를 들어 담배꽁초는 cigarette end, fag end, dog-end 등으로 표현한다.

Lot: 사람들의 집단.

◇ I'll go down to the pub with this lot. 이 사람들이랑 펍에 가려고.

Lie in: '늦잠을 자다'라는 뜻이다. 많은 한국인이 늦잠 잤다고 말할 때 sleep late이라는 표현을 쓴다. 하지만 그렇게 표현하면 늦게 잠이 들었다고 상대방이 오해할 수 있으므로 lie in 또는 sleep in을 쓰자.

◇ I'm gonna lie in tomorrow cos it's Sunday. 내일은 일요일이니 늦잠 잘 거야.

영국 슬랭 퀴즈

이만큼 공부했다면 배운 것을 얼마나 잘 기억하는지 테스트해볼 차례다. 몇몇 슬랭들은 Chapter 2와 3을 읽고 난 후에 풀 수도 있지만 자신이 얼마나 알고 있는지 미리 체크해보도록 하자. 다음의 빈칸을 채울 때는 동사의 형태도 신경 쓰도록 하자.

[Quiz 1]
Eddie goes to do his grocery shopping. It is quite 1._____(추운) outside so he throws on a 2._____(스웨터). At the supermarket, he fills his 3._____(쇼핑 카트) with 4._____(새우) and noodles. He is about to pay with his 5._____(체크카드), when he realizes that he cannot remember his 6._____(비밀번호). So he pays with a 20-pound 7._____(지폐). Back home, he has a 8._____(맛있는) dinner, while watching the 9._____(축구) on the TV. He's 10._____(기쁜) at the result, but he realizes he's got tons of 11._____(설거지) to do.

Quiz 2는 숙어와 구동사가 많아진 한 단계 높은 수준의 퀴즈다.

[Quiz 2]
Emma is completely 1._____(녹초가 된) from last night's 2._____(생일파티). The party wasn't her 3._____(취향) but she got 4._____(만취한) anyway. When she comes to the office, she is 5._____(실망한) to find out that it is only Monday. In the morning meeting, she has no clue what others are 6._____(~에 대해 말하다). She spends the afternoon 7._____(빈둥대다), 8._____(불평하다) about her work. She then decides to 9._____(땡땡이치다) work. But while sneaking out of the office, her boss sees her. She decides to 10._____(도망가다) anyway! Her boss must be 11._____(화가 난) by now.

정답

[Quiz 1]

1. nippy 2. jumper 3. trolley 4. prawns 5. debit card,
6. PIN 7. note 8. scrummy 9. footie 10. chuffed,
11. washing up

[Quiz 2]

1. knackered 2. birthday-do 3. cup of tea 4. plastered,
5. gutted 6. on about 7. mucking around(about),
8. whinging 9. skive off 10. leg it 11. fuming

CHAPTER 2.

영국 영어와 미국 영어, 무엇이 다를까

1. 영국 영어 vs. 미국 영어

나는 17세 때 싱가포르에서 처음으로 영어를 제대로 배웠다. 중학교에서 영어를 배우기 시작한 시절에는 그저 수업 시간에 꾸벅꾸벅 졸며 생소한 알파벳으로 만들어진 단어들을 따라 읽기만 했다. 그 당시 나는 공부에 관심이 없었고 특히 영어는 더더욱 좋아하지 않았다. 교과서에서 bottle이라는 단어를 보고 '이걸 대체 어떻게 읽지?'라고 고민했던 기억도 난다.

우리 가족이 높은 건물 하나 없던 깡촌에 살던 시절이었다. 집안 형편상 우리 삼남매가 학원에 가거나 과외를 받는 건 있을 수 없는 일이었고 대신 산으로 들로 매일 놀러 다녔다. 날씨가 안 좋아 밖으로 쏘다니기 힘든 날에는 달리 놀 거리가 없었기에 책을 읽었다. 이렇게 해서 생긴 독서 습관은 뒤늦게 학구열이 일어 영어를 배울 때 큰 도움이 되었다.

중학교 3학년 무렵, 우리 가족은 싱가포르로 떠나게 되었다. 아버지의 일 때문이었다. 난생처음 비행기를 타고 야자수가 가득한 습한 공기의 나라 싱가포르에 도착했다. 이후 1년간 컴퓨터도 텔레비전도 없는 집에서 거리를 내다보며 사람들 구경을 하거나 시원한 대리석 바닥에 누워 책을 읽으며 지냈다.

하루빨리 학교에 다니고 싶었지만, 입학이 쉬운 국제 학교는 학비가 너무 비싸 포기해야 했고 괜찮은 현지 학교는 내가 영어를 못 했기 때문에 입학이 불가능하게만 보였다. 싱가포르의 현지 학교는 국제 학교에 비해 학비가 월등히 저렴하면서도 교육의 질과 시설이 우수하다. 게다가 중국어와 영어를 동시에 배울 수 있는 등 장점이 많지만 그만큼 입학하기가 만만치 않다. 우여곡절 끝에 한 선교사님의 도움과 교장 선생님의 배려로 페어필드중학교(Fairfield Methodist School)라는 상위권 학교에 들어갔는데, 영어와 중국어 실력이 부족했던 탓에 결국 두 달 뒤 국제 학교로 옮겨갔다.

싱가포르의 교육열은 전 세계적으로 이미 유명하다. 영어 수준은 완벽하며 대부분의 국민이 영어 외에 중국 표준어인 만다린(Mandarin), 말레이어(Malay), 타밀어(Tamil) 등 두세 개 언어를 구사할 수 있다. 그리고 놀랍게도 이 네 가지 언어가 모두 싱가포르의 공식 공용어다. 과거 영국의 통치를 받던 시절 영국식 교육과 제도 등을 이어받아 싱가포르인들은 서구적인 사고방식을 갖고 있고 영국식 영어를 사용한다. 그런데 말이 영국식 영어지 중국식 영어의 결정체인 홍콩의 홍글리쉬와 맞먹는 싱글리쉬(Singlish)다. 싱가포르에 간다면 처음 들었을 때 중국어인지 영어인지 알쏭달쏭한 이 싱글리쉬에 익숙해지기까지 인내심을 갖는 게 좋겠다.

싱글리쉬의 특징은 말끝마다 lah가 붙는다는 점이다. 예를 들어 yes는 can lah로 대체될 수 있다. 또한 th는 거의 t로 발음되는데 그러다 보니 three가 tree가 되어버린다. 이 같은 특징은 비단 싱가포르뿐만이 아닌 동남아의 다른 지역에서도 나타난다. Th는 f로 변질되기도 하는데 그래서 싱가포르인은 with를 wif로 발음한다. 왜 그렇게 발음하는지 당시엔 이해가 되지 않았는데 나중에 영국 미디어를 보면서 영국식 영어와의 공통점을 발견하게 되었다. 싱가포르가 영국의 식민지였기 때문에 어찌 보면 당연한 이 사실을 10년이 지나서야 깨달은 것이다. 런던 남부 지역에서는 brother를 bruvva 또는 bruv로 발음하는 등 th를 v로 발음하는 독특한 습관이 있다. 특히 영국의 흑인들에게서 이런 발음을 많이 들을 수 있는데 싱글리쉬와 공유하는 특징이다.

싱가포르에 살 때에는 그들 특유의 억양과 발음을 이유로 은근히 싱글리쉬를 무시하기도 했고 미국 영어를 흉내 내려고 연습도 했었다. 그러나 태어나서 처음으로 영어 과외를 싱가포르인 선생님으로부터 받으면서 영국 영어와 '나름대로' 비슷한 억양을 처음 접했다. 굴리는 발음과 영어 실력은 비례한다고 생각했던 내가 발음이 좋지 않아도, 혀를 꼬아서 말하지 않아도, 영어를 잘할 수 있다는 사실을 깨달은 기회였다. 나는 점차 싱가포르인들의 영어 실력에 감탄하게 되었다.

■ 표현

한국은 교육 과정에서 미국식 영어를 가르친다. 때문에 단어의 영국식 스펠링을 보면 처음에는 어색하게 느껴지기 마련이다. 나는 한국 중학교에서 기본적으로 미국식 영어를 배운 데다가 고등학교 때 미국계 국제 학교를 다녀서 자연스럽게 영어 하면 역시 미국 영어라고 생각해왔다. 아마 우리나라 사람들도 대부분 비슷할 것이다.

영국에 살던 청교도들은 종교 탄압으로부터 벗어나기 위해 아메리카 대륙으로 이주해 미국이라는 나라를 세웠다. 그러면서 조금씩 영어의 억양이나 발음 등에 변화가 생겼고 지금의 영국 영어와 미국 영어로 나뉘게 되었다. 언어의 두드러지는 특징만 살펴봐도 그 나라의 특성을 알 수 있는데, 예를 들어 미학적인 면모를 중시하는 프랑스는 낭만성이 프랑스어에서도 드러난다. 독일어는 엄격하게 들리는 액센트와 톤이 특징이며, 스페인어와 이태리어는 다른 유럽 언어에 비해 다소 시끄럽지만 경쾌하고 열정적인 느낌이 난다. 영국 영어와 미국 영어도 마찬가지다. 비록 같은 영어지만 전반적으로 영국 영어의 발음이 더 형식적이고 고지식하다(더 섹시하게 들린다고도 한다). 이에 비해 미국 영어는 발음이 실용적이고 말하기 편하다. 또한 미국식 스펠링이 영국식보다 더 간소하다.

무엇보다 미국에서 쓰는 단어와 영국에서 쓰는 단어는 비슷한 듯하면서도 다르고, 또 아예 다른 모양을 하고 있는 경우마저 있다. 어떤 단어를 쓰건 영국과 미국에서 뜻은 거의 통하지만 어떤 단어들은 완전히 다른 말로 잘못 이해될 수 있을 정도로 뜻이 상이하다.

다음의 표는 같은 뜻일지라도 각각 영국과 미국에서 다르게 쓰는 단어들을 모은 것이다.

영국 영어	미국 영어	설명
aeroplane	airplane	비행기. 주로 영국식 영어를 사용하는 유럽 국가인 아이슬란드의 가수 비요크의 노래 제목은 「Airplane」이 아닌 「Aeroplane」이다.
anticlockwise	counterclockwise	시계 반대 방향
arse	ass	엉덩이

영국 영어	미국 영어	설명
bank holiday	legal holiday	공휴일. 명칭은 bank holiday지만 은행만 쉬는 날이 아닌 영국의 공휴일과 국경일을 말한다.
biscuit	cookie/cracker	비스킷
bill	check	계산서
bonnet	hood	자동차의 후드
boot	trunk	미국에서는 신발의 한 종류인 부츠를 뜻하는데, 영국에서는 자동차 트렁크를 뜻한다. 자동차의 트렁크에 물건을 잔뜩 실어놓고 싼 값에 파는 것을 car boot sale이라고 한다.
bumbag	fanny pack	허리에 메고 다닐 수 있는 작은 가방
cab	taxi	택시를 영국에서는 cab이라고 하고 택시 기사는 cabby라고 부른다. 고풍스러운 디자인의 택시 Black Cab은 영국적인 상징으로 유명하다. 드라마 「셜록(Sherlock)」에 단골처럼 등장한다.
car park	parking lot	주차장
casualty	emergency room	영국의 응급실을 소재로 한 메디컬 드라마의 제목이 「Casualty」이다.
chemist/pharmacy	drugstore	약국
chips	French fries	감자튀김
cinema	movie theater/the movies	영화관
cotton bud	cotton swab	면봉
council flat	(housing) project	우리나라의 임대 아파트와 비슷한 개념의 주택이다.
crisps	chips/potato chips	감자칩
drink-driving	drunk driving	음주운전
driving licence	driver's license	운전면허증. licence의 스펠링 또한 다르다.
dustbin	garbage can	쓰레기통. 영국에서는 간단하게 bin으로 칭하기도 한다. 한편 미국에서는 waste paper basket이라고도 한다.
estate agent	real estate agent/realtor	부동산 중개인
first floor	second floor	영국에서는 1층을 ground floor라고 하고 2층부터 first, second… floor로 센다. 유럽의 많은 나라들이 건물 각 층의 명칭을 영국식으로 부르니 호텔 등을 이용할 때 주의해야 한다.

영국 영어	미국 영어	설명
flat	apartment	아파트 또는 일반적인 의미의 집을 말하는데 대체로 여러 가구가 모여 사는 공동 주택을 의미한다.
football	soccer	축구
garden	yard/lawn	정원. 영국인은 정원이 있는 집을 꿈꾸고 사랑하기 때문에 대부분의 주택에 정원이 있다.
holiday	vacation	휴가
hundreds and thousands	sprinkles	장식용으로 케이크 위에 뿌리는 설탕 가루
jumper	sweater	영국에서 점퍼는 재킷이나 아우터가 아닌 스웨터다.
post	mail	우편
primary school	elementary school	초등학교. 중학교는 미국 영어로 middle school, 영국 영어로 secondary school이다.
lift	elevator	엘리베이터
lorry	truck	트럭, 화물차
luggage	baggage	수하물
mobile phone	cell phone	휴대폰
motorway	expressway/ highway	고속도로
mum/mummy	mom/mommy	mummy는 미라를 가리키기도 하지만 영국에서는 엄마라는 뜻으로 쓰인다. mom은 '맘'과 비슷한 발음이고 mum은 '멈'과 비슷한 발음이 난다.
nappy	diaper	기저귀. nappy의 발음이 napkin과 비슷해서 과거엔 napkin 대신 serviette라는 단어를 썼다는 설이 있다.
off-licence	liquor store/ package store	주류 판매점. 우리나라에는 24시간 여는 가게가 즐비하지만 치안이 좋지 않은 영국은 사정이 다르다. 펍도 밤 11시 정도에는 문을 닫으므로 밤에 간식이나 술을 구입하려면 인가를 받은 off-licence 가게로 가야 한다.
pavement	sidewalk	인도, 보도
petrol	gas/gasoline	휘발유
polo neck	turtleneck	터틀넥
postbox	mailbox	우편함

영국 영어	미국 영어	설명
postcode	zipcode	우편번호
pram/buggy	baby carriage/stroller	유모차. 요즘 우리 사회에는 '유모차'라는 말에서 '모(母)'자를 빼야 한다는 논의가 있는데, 영국에서는 성별이 드러나지 않는 pram 또는 buggy로 표현한다.
queue	line	대기줄. 영국의 상점에서 'QUEUE HERE'라는 표지판을 흔히 볼 수 있다. 미국에서는 line을 쓴다.
rubber	eraser	지우개
rucksack	backpack	백팩
saloon	sedan	세단형 승용차. 우리나라에서도 미국식 표현 그대로 세단이라는 명칭을 쓴다.
shopping trolley	shopping cart	쇼핑 카트
skipping rope	jump rope	줄넘기
solicitor	lawyer	변호사. lawyer라는 말에 너무나 익숙한 한국인에게 solicitor라는 말은 아주 생소하게 들린다. 그런데 영국 거리에서는 solicitor라고 적힌 간판을 슈퍼마켓 간판만큼 자주 볼 수 있다.
stag night	bachelor party	결혼하기 전 신랑의 남자 친구들끼리 여는 파티. 요즘엔 해외 미디어를 통해 bachelor party가 워낙 많이 등장하기에 우리에게도 이젠 꽤 익숙한 단어이다.
starter	appetizer	애피타이저
torch	flahlight	손전등. 토치라 하면 불로 지질 때 쓰는 도구를 생각하기 쉬운데 영국에서는 평범한 손전등을 말한다.
trainers	sneakers	trainers는 우리나라에서 '헬스 트레이너' 등으로 사용되는 말이지만, 영국에서는 운동화라는 뜻이다.
trousers	pants	바지. 특이하게도 미국에서 바지인 pants가 영국에서는 underwear, 즉 팬티 또는 속옷이다.
wardrobe	closet	옷장
zed	zee	알파벳 z. z를 [zi:]라고 발음하는 것은 영국인들에게는 아주 특이하게 들릴 수 있다. 얼룩말이라는 단어 zebra의 경우 미국에서는 [zi:brə], 영국에서는 [zebrə]로 발음한다.

■ 스펠링

영국 영어와 미국 영어의 스펠링은 언뜻 비슷해 보이지만 다를 때가 많다. 그리고 예외인 단어들을 제외하고는 규칙성이 있다. 가장 두드러지는 차이점 중 하나는 u의 추가다. color가 영국에서는 colour가 되고 favorite이 favourite이 된다. ~er이 re로 바뀌는 것도 대표적인 차이점이다. center가 아닌 centre이고 theater도 영국에서는 theatre가 맞다. 그렇다고 발음이 [tre]로 바뀌진 않고 똑같이 [ˈθiːtər]와 [ˈθɪətə(r)]로 발음된다.

또한 영국에서는 apologize가 apologise로, realize가 realise가 되는 등 -ize와 -yze가 -ise, -yse로 바뀌는 경우가 많다. 하지만 언제나 예외는 있듯이 prize나 seize와 같은 단어들은 그대로 ize가 유지된다. 영국 영어의 스펠링에는 프랑스와의 떼려야 뗄 수 없는 역사적인 관계가 남긴 흔적들이 남아 있는데 analogue처럼 프랑스식 스펠링이 그대로 남아 있는 경우가 많고 centre, programme, omelette 등의 아주 많은 단어들이 프랑스어와 스펠링을 공유한다.

위키피디아는 1755년 시인이자 평론가였던 새뮤얼 존슨(Samuel Johnson)의 『A Dictionary of the English Language』가 출간되면서부터 영국의 표준 스펠링이 나타났다고 밝힌다. 한편 미국 표준 스펠링은 1828년 노아 웹스터(Noah Webster)의 『An American Dictionary of the English Language』와 함께 역사가 시작되었다.

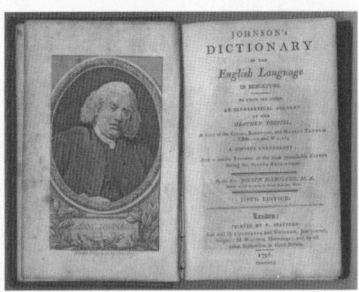

전체적으로 미국식 스펠링은 영국식보다 더 간소하다. 실질적으로 발음이 되지 않는 글자를 삭제하거나 줄였다. 미국식 영어에 익숙한 사람들의 눈에는 영국식 스펠링이 틀린 것 같기도 하고 낯설기도 할 것이다. 나는 영국식 스펠링이 더 좋다. 아날로그를 뜻하는 영국 영어 단어 analogue가 미국식의 analog보다 더 아날로그스럽다고 느끼는 것은 나뿐만이 아닐 것이다.

다음으로는 일상에서 자주 쓰이는 단어들 중 영미 영어 간 스펠링이 다른 대표적 사례를 소개한다.

영국 영어	미국 영어	설명
analogue	analog	아날로그
apologise	apologize	사과하다
axe	ax	도끼
behaviour	behavior	행동/행실
centre	center	중심
cheque	check	수표
chilli	chili	고추
colour	color	색
connexion	connection	연결
cosy	cozy	아늑한
counsellor	counselor	조언자
cypher	cipher	암호
defence	defense	방어
disc	disk	디스크
draught	draft	외풍/생(맥주)
fillet	filet	살코기
fulfil	fulfill	성취하다
grey	gray	회색
litre	liter	리터
moulding	molding	몰딩
moustache	mustache	콧수염
omelette	omelet	오믈렛

영국 영어	미국 영어	설명
phoney	phony	가짜의
plough	plow	(땅을) 갈다
practise	practice	실행/연습
programme	program	프로그램
pyjama	pajama	파자마
storey	story	(건물의) 층
tyre	tire	타이어
waggon	wagon	손수레/마차
yoghurt	yogurt	요구르트

2. 영화, 드라마 속 영국 영어와 미국 영어

영국과 미국에서 쓰는 다른 표현들을 확실하게 비교해보고 싶다면 영국 버전과 미국 버전이 모두 있는 드라마나 코미디를 추천한다. 항상 영국의 베스트 코미디 10위 안에 드는 「오피스(The Office)」는 시즌 2로 마무리되었지만, 미국에서 리메이크된 다음 시즌 9까지 방영되며 엄청난 인기를 얻었다. 영국 시트콤 「셰임리스(Shameless)」 역시 동일한 제목으로 각색되어 방영되었다. 이외에도 「스킨스(Skins)」, 「빙 휴먼(Being Human)」 등 영국 작품을 원작으로 하는 미국 작품은 셀 수 없이 많다. 두 나라 버전을 비교하며 각각의 문화와 영어의 차이점도 배울 수 있으니 이보다 더 훌륭한 교과서가 또 있을까 싶다.

  영어로 된 미디어를 접하다 보면 가끔 내가 알던 발음과 다른 것들을 발견하게 된다. 미국 영어와 영국 영어는 스펠링뿐 아니라 강세가 다를 때도 많아서 아예 다른 단어처럼 발음되는 경우가 종종 있다. 예를 들어 「프렌즈(Friends)」에서 레이첼의 엄마가 로스에게 공룡 장난감들을 garage(차고)에 갖다 두라고 할 때 두 번째 음절에 강세를 주어 [gəˈrɑːdʒ]라고 하는 것을 명백히 들을 수 있다. 이에 비해 영국 시트콤 「피플 저스트 두 낫씽(People Just Do Nothing)」에서는 개러지 음악(garage music)을 하는 뮤지션들이 자신들의 음악에 대해 말할 때 [ˈgærɑːdʒ]라고 첫 번째 음절에 강세를 주어 발음한다. 이처럼 같은 단어지만 발음이 완전히 다를 수 있다.

  어른을 뜻하는 단어 adult 역시 영국 시트콤을 보고 난 후 학교에서 배웠던 adult와 발음이 달라서 무엇이 정확한 발음인지 말할 때마다 헷갈렸던 적이 있다.

영국은 첫 모음에 강세가 있는 [ˈædʌlt]이고 미국은 두 번째 모음에 강세가 있는 [ədˈʌlt]다.

노선이라는 뜻의 route의 발음 역시 영국과 미국에서는 같은 단어라고 들릴 지 않을 만큼 상이하다. 영국은 [ruːt] 미국은 [raʊt]다.

Hostile처럼 -ile로 끝나는 단어들은 발음이 거의 규칙적인데, fertile은 영국에서 [ˈfɜːtaɪl]로 두 번째 모음이 [ai]로 길게 발음되지만 미국에서는 [ˈfɜːrtl]로 첫 번째 음절에 강세가 오고 두 번째 모음은 약하게 발음된다. 알파벳의 마지막 글자 z도 영국에서는 '제트'에 가깝게 발음한다. 누군가 제트라고 한다고 해서 구식 발음이라고 생각하면 오산이다.

이런 사례들 중 맞고 틀린 것은 없다. 단지 다를 뿐이다. 친절하게도 수많은 미디어에서 영국 영어와 미국 영어의 다른 점을 명확하게 또 재미있게 설명해주고 있으니 자세히 살펴보도록 하자.

프렌즈(Friends)
출처: S10E03

미국 시트콤 「프렌즈」에 영국에서 잠깐 살다온 친구 아만다가 어설픈 영국 액센트와 슬랭으로 영국인인 척 행세하자 모니카와 피비가 비꼬면서 아만다를 흉내 내는 에피소드가 있다. 이 장면만 봐도 영국 영어와 미국 영어의 기본적인 차이점을 한눈에 알 수 있다.

Amanda: So sorry to catch you on your mobile. I'm in the neighbourhood hoping I could pop by your flat. Ring me back on my mobile. 휴대폰으로 전화해서 미안해. 이 동네에 올 일이 있어서 너희 집에 들를까 했지. 내 휴대폰으로 다시 전화 줘.

아만다가 cell phone 대신 mobile, apartment 대신 flat라고 영국식으로 말하는 장면에서 얼마나 영국 영어를 쓰기 위해 노력하는지 알 수 있다.

Amanda: Should I not have said that? Uhh! I feel like a perfect arse. 그렇게 말했으면 안 됐으려나? 으! 나 진짜 멍청이(arse)인가 봐!
Phoebe: Well, in America, you're just an ass. 미국에선 넌 그냥 멍청이(ass)야.

미국인이 정말 많이 쓰는 단어인 ass(멍청이/나쁜 놈)를 영국에서는 arse라고 한다. 이 장면은 직접 봐야 제대로 이해할 수 있으니 꼭 유튜브에서 찾아보길 바란다.

셜록(Sherlock)
출처: S02E02

영국 드라마 「셜록」의 '바스커빌의 개(Hound of the Baskervilles)' 에피소드에서 프랭크랜드 박사가 'Here's my cell number(여기 제 휴대폰 번호입니다).'라고 말하자, 셜록은 그를 용의자로 의심하며 미국에서 살다 왔다는 점을 언급한다. Mobile 대신 cell이라고 말한 것을 듣고 작은 디테일도 놓치지 않는 셜록이 그가 미국인이거나 미국에서 살았던 사람임을 예리하게 추론한 것이다.

Sherlock: Maybe somebody who says 'cell phone' because of the time spent in America. 미국에서 살았던 시간들 때문에 '휴대폰'이라고 하는 누군가겠지.

클로저(Closer)(2004)

영화의 배경은 런던. 남자 주인공 두 명은 영국인, 여자 주인공 두 명은 미국인이다. 영국인 남자인 래리와 미국인 여자인 앨리스의 대화에서 래리는 앨리스의 남자 친구를 지칭하며 남자를 뜻하는 영국 슬랭 bloke를 쓰고 앨리스는 그를 약 올리듯 그의 여자 친구를 가리키며 여자를 지칭하는 영국 슬랭인 bird로 답한다.

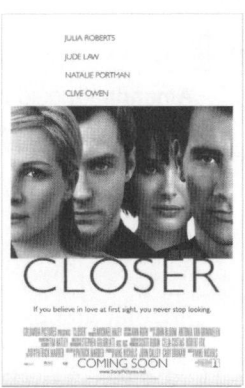

Larry: Anna tells me your bloke wrote a book. 애나가 그러는데 당신 남자 친구가 책을 썼다던데요.
Alice: Any good? 읽을 만한가요?
Larry: Of course. It's about you, isn't it? 당연하죠. 당신에 관한 거잖아요. 그렇죠?
Anna: Some of me. 어느 정도는요.
Larry: Oh? What did he leave out? 오? 어떤 부분을 빠뜨렸죠?
Anna: The truth. 진실이요.
Larry: Is he here, your bloke? 그 남자 친구 여기에 있나요?
Anna: Yeah, he's over there talking to your bird. 네, 저기 당신 여자 친구랑 얘기 중이네요.

엘렌 쇼(The Ellen Show)

미국의 유명 토크쇼인 「엘렌 쇼」에 출연한 영국 배우 휴 로리가 진행자 엘렌 드제너러스와 영국과 미국의 슬랭 맞추기 대결을 한 적이 있다.

퀴즈에 나온 영국 슬랭 중 chin wag와 chuffed to bits가 있는데 chin wag는 말 그대로 '턱(chin)을 흔들다(wag)'라는 말로 그 모습을 상상해보면 자연스레 '수다 떨다'라는 의미가 그려질 것이다.

Chuffed to bits는 아주 기쁘고 즐거운 상태를 나타내는 단어인 chuffed에 to bits를 붙여 강조한 표현이다. 줄여서 'I'm chuffed'라고도 많이 쓴다.

조나단 로스 쇼(Jonathan Ross Show)

영국의 유명한 토크쇼 「조나단 로스 쇼」에서 코미디언 미카엘 매킨타이어가 미국인이 편의를 위해 영어를 극도로 직관적으로 바꾼 것을 희화화해 설명한 적이 있다. 그는 영어가 미국으로 건너가면서 인도를 뜻하는 pavement는 side walk로, 휴지통을 뜻하는 bin은 waste paper basket으로, 그리고 스쿼시는 squash에서 racket ball로 바뀐 예를 들며 미국인들의 이해를 돕기 위해 온갖 설명이 다 붙은 과도하게 친절한 이 영어의 형태 변화를 풍자했다.

CHAPTER 3.

영화, 드라마, 음악으로
영국 영어를 익혀라

1. 영어 공부가 되는 영화, 드라마 보는 방법

내 경험상 영국의 언어와 문화를 습득하는 데 미디어는 최고의 선생님이다. 영화나 드라마를 보며 언어를 배우는 것의 성과는 사실 본인이 보고 들은 것을 얼마나 소화시킬 수 있는지와 노력 여하에 달려 있다. 백날 영어로 된 드라마를 본다 해도 아무 생각 없이 한국의 예능 프로그램 보듯 한다면 당연히 시간 낭비가 될 것이다. 오랜 기간 동안 수많은 대기업 임직원을 대상으로 영어를 가르쳤었다. 일반 회화도 많이 다뤘지만 가장 많이 다룬 건 오픽(OPIc)이라는 영어 말하기 시험이었는데 기업에서 승진을 위해 점수를 요구하기 때문에 학습자들이 받는 스트레스가 이만저만이 아니었다. 그동안 나를 거쳐 간 수백 명의 학생 중 가장 높은 등급인 AL을 받았던 두 명의 학생이 기억에 남는다. 거두절미하고 이 둘의 가장 큰 공통점을 말하자면 영드, 미드 매니아였다. 그리고 둘 모두 AL이 아닌 그보다 한 단계 낮은 등급을 목표로 시험을 봤는데 예기치 않게 최고등급을 받은 경우였다. 두 분은 영화나 드라마 얘기만 나오면 눈이 반짝였고 본인이 가장 좋아하는 배우나 작품이 명확했으며 같은 작품을 두세 번 이상 반복해서 보는 취미를 갖고 있었다. 언어에는 재능의 영역이 분명히 크지만 이 둘이 그렇지 않은 사람들보다 영어와 훨씬 친밀한 위치에 있다는 사실은 분명하다.

　내가 추천하는 공부가 되는 드라마 보는 방법은 이렇다. 일단 일상적인 소재를 다룬 평범한 드라마를 선택해서 처음 한두 번은 줄거리와 캐릭터를 파악하기 위해 한글 자막과 함께 쉬엄쉬엄 즐기며 시청한다. 그런 준비 과정이 끝났다면 이제 귀를 쫑긋 세우고 정신을 바짝 차려가며 다시 봐야 한다. 이때 모르는 단어와 표현이 나올 때 놓치지 않고 언제든 받아 적을, 또 사전을 찾아볼 준비가 되어 있어야 한다. 반복이 가장 중요하다. 한 드라마 시리즈 전체를 딱 세 번 이상만 집중해서 보면 어느새 다음에 나올 대사를 미리 읊고 있는 자신의 모습을 발견하게 될 것이다. 시리즈 전체를 다시 반복해서 보는 일은 물론 쉽지 않다. 그러나 정말 마음에 드는 대상을 한번 발견하면 몇 번을 봐도 부족하다는 것을 알게 된다. 이렇게 몇 번이고 반복해서 시청하며 영어를 공부하면 점차 영국 억양과 말하는 속도에 익숙해진다. 그러면 풍자와 슬랭이 많이 등장하는 코미디에 도전해볼 준비가 된 것이다.

영국 텔레비전 프로그램들은 아주 사실적이다. 대부분은 실제 장소 또는 실제와 아주 흡사한 세트에서 촬영되며 공공장소인 레스토랑, 병원, 대중교통 등에서도 촬영이 많이 이루어진다. 이는 세트 촬영 비율이 높은 미국이나 우리나라의 드라마와도 대조되는 점이다. 조명도 자연광 느낌이 대부분이며, 가끔은 일반 가정집의 형광등을 그대로 쓴 것 같다는 생각을 할 정도다.

배우의 모습도 굉장히 현실적이다. 내용상 밤새 술을 마시고 놀았다면 배우의 얼굴에는 화장이 번져 있고, 금요일 밤에 과음한 뒤 다음 날에 일어난 장면이라면 배우 얼굴에는 잠에서 막 일어난 것처럼 다크서클, 주름 등이 그대로 다 드러난다. 한마디로 표현하자면 노골적이다. 물론 높은 제작비와 유명 배우들이 출연하는 작품은 별개고, 요즘에는 세련된 작품들도 많지만 그래도 영국의 텔레비전 속 작품들은 아직도 대체적으로 자연스러움이 두드러진다. 그렇기 때문에 영국 영어를 공부하고자 하는 입장에서는 이 같은 작품 시청이 더욱 효과적이다.

한국에서 흔히 '영드'라고 불리는 영국 드라마는 익숙하지 않은 액센트와 발음은 둘째치더라도 독특한 스타일과 생소한 플롯 때문에 처음에는 보기가 쉽지 않은 편이다. 하지만 일단 재미를 느끼면 빠져들 수밖에 없는 매력이 있다. 또한 영국 코미디도 마찬가지다. 영국 코미디를 미국의 코미디와 비슷하겠거니 하는 생각으로 보기 시작했다면 실망하거나 당혹스러워할 확률이 아주 높다. 아니면 내가 그랬던 것처럼 마치 신세계를 발견한 듯 삽시간에 중독되어 영국 영어뿐 아니라 영국이라는 나라 자체에 흠뻑 빠져버릴 수도 있다. 소개하고 싶은 영화와 드라마가 넘쳐나서 간추리는데 애를 먹었다. 특히 지금처럼 OTT 서비스가 활성화되어 대중적이지 않은 영국작품을 쉽게 감상할 수 있다는 사실이 참 기쁘다. 영국의 드라마와 코미디의 매력을 알게 된 이후로 아직까지도 나는 영드를 폭풍 시청(binge-watching) 중이다.

2. 영국 영어 공부를 위한 추천작

내가 생각했을 때 영국 영어 공부에 활용하기 좋은 작품들을 난이도 순으로 소개하겠다. 난이도는 배우들의 말하는 속도나 액센트와 함께 다루는 내용 등을 주관적으로 평가해 매겼기에 참고만 하길 바란다.

The 7.39(2014)

장르: 드라마   난이도: ●●○○○

평범한 직장인인 남자 주인공과 헬스장에서 일하는 여자 주인공이 매일 아침, 같은 7시 39분 기차를 타고 출근하다가 우연히 가까워지게 되는 2부작 TV 드라마다. 장르는 로맨스로 가벼운 마음으로 볼 수 있고 대화도 일상적인 이야기 위주여서 어렵지 않다. 영국의 출퇴근 풍경과 런던의 거리를 볼 수 있는 재미도 있다.

comment ☞ 충분히 일어날 수 있는 현실적인 내용이기에 조금 씁쓸해질 수 있다.

호러블 히스토리(Horrible Histories)(2009~)

장르: 코미디, 교육　　난이도: ●●◐○○

너무나 유용하고 교육적인 작품이라 강력 추천한다. 제목 그대로 영국의 끔찍하거나 감추고 싶은 역사까지도 있는 그대로 담아냈다. 빠른 전개와 짜임새 있는 구성으로 자칫 지루할 수 있는 영국 역사를 한눈에 보여준다. 작품을 보고 나면 복잡한 영국 왕족의 족보가 머릿속에 그려진다. 이 시리즈는 동명의 어린이 역사 책 시리즈를 기반으로 만들어졌는데 그 교육성을 인정받아 영국 내외에서 다수의 수상을 했으며 영국 최고의 어린이 교육 프로그램으로도 선정되었다. 각 에피소드마다 재치 있고 직설적인 가사의 노래로 역사를 재미있고 쉽게 전해준다. 성인인 나도 아주 즐겨보았으니 최고의 성인 교육 프로그램이라고 해도 전혀 손색이 없겠다. 미국과 유럽 국가들의 역사까지 다뤄지고 출연진과 형식이 조금씩 바뀌면서 시즌 7까지 방영되었다.

comment ☞ 워낙 적나라하게 역사를 다루다 보니 간혹 밥 먹으면서 보기에 불편한(과거의 화장실 묘사 등) 장면들이 나올 수 있다.

잡 랏(The Job Lot)(2013~2015)

장르: 코미디　　난이도: ●●●○○

2013년부터 2015년까지 짧게 방영된 영국 시트콤이다. Brownall이라는 가상 도시에 있는 직업 안내 센터(job centre)에서 실직자 또는 무직자들이 직업을 가질 수 있도록 도와주고 알선해주는 일을 하는 사람들의 이야기다. 이 시트콤을 보면 우리에게 낯선 영국의 직업 안내 센터에서 어떤 일들을 하는지 조금이나마 이해할 수 있다. 시즌 1은 사무실에서 하는 일들에 보다 초점을 맞춘 반면 시즌 2부터는 새로운 젊은 여직원도 들어오고 약간의 로맨스도 간간히 등장한다. 대부분의 영국 코미디에 비해 성적인 농담의 수위도 낮고 선정적인 장면도 별로 없어서 편하게 보기에 좋다. 하지만 시즌 2에서 뜬금없는 소재와 개연성 없는 진행으로 전체적으로 산만해지더니 시즌 3으로 종영되었다.

> **comment** ☞ 워낙 다양한 인물들이 등장하기에 그들의 여러 액센트에 익숙해지기까지 시간이 걸릴 수 있다.

IT 크라우드(The IT Crowd)(2006~2010)
장르: 시트콤   난이도: ●●●○○

시즌 4를 마지막으로 2013년 종영된 이 작품은 우리나라에도 꽤 알려진 유명 시트콤이다. 앞에서 언급된 코미디들보다는 더 대중적인 형식이며 적절한 슬랩스틱이 가미된 블랙코미디의 정석을 보여준다. 아무도 신경 쓰지 않는 지하에 위치한 IT 부서의 세 명의 인물들 로이, 모스, 젠을 중심으로 회사인 레놈인더스트리(Reynholm Industries)에서 일어나는 이야기가 전개된다. 아버지로부터 회사를 물려받은 무능한 회장 더글라스 또한 이 작품을 더욱 매력적으로 만드는 캐릭터다. 영국인은 자기 비하와 비판, 냉소에 아주 훌륭한 능력과 관대한 관점을 갖고 있다. 이 시트콤을 보면 영국인이 국가, 사회, 관료제, 사내 성희롱 등의 무거운 주제들을 얼마나 잘 희화화하는지를 알 수 있을 것이다.

> **comment** ☞ 아이리시 액센트를 쓰는 로이와 전형적인 영국식 액센트의 모스와 젠을 비교하며 들어보자. 영국의 블랙코미디를 제대로 즐기고 싶다면 제일 먼저 봐야 할 코미디다.

다운튼 애비(Downton Abbey)(2010~2015)
장르: 드라마, 시대극   난이도: ●●●○○

영국의 국민 드라마라는 별명을 붙일 만한 시리즈다. 역시 우리나라에서도 유명하기 때문에 한글로 된 자막이나 정보를 찾기 쉬운데 몇 년 전 넷플릭스에 올라온 한글자막에는 오역이 너무 많았다. 현재는 수정이 되었는지 모르겠다. 20세기 초, 요크셔의 가문 대대로 내려오는 사유지인 다운튼 애비의 상속권을 놓고 벌어지는 귀족 크롤리 가문(Crawley famiiy)의 이야기다. 아들이 없을 경우 상속권을 상실하는 당시의 시대 상황이라든지, 크롤리가의 막내딸인 레이디 시빌과 운전기사(chauffeur)였던 브랜슨의 관계를 통해 신분을 뛰어넘는 로맨

스를 볼 수 있다. 1912년부터 1916년을 배경으로 시대가 변함에 따라 허물어지는 신분제와 변화하는 여성의 지위, 1차 세계대전 발발 시 귀족의 모습이 인상적이다. 크롤리 가문에 속한 인물들뿐 아니라 다운튼 애비를 위해 일하는 하인들 한 명 한 명의 사건들도 함께 다루는데, 정작 자신의 가족은 포기하면서 다른 가족을 위해 평생을 일했던 그들의 고충과 갈등, 그리고 깊은 충성심을 담아냈다. 2015년 시즌 6으로 종영되었으며 영국뿐 아니라 미국에서도 큰 인기를 끌었다.

comment ☞ 하인들은 대부분 각기 다른 방언을 쓰기 때문에 알아듣기 조금 어려울 수 있다.

휴먼스(Humans)(2015~)

장르: Sci-fi   난이도: ●●●○○

요새 가장 화두가 되고 있는 인공지능과 인간과의 관계를 다룬 드라마다. 신스(Synth)라고 불리는 인공지능 로봇은 인간의 삶에 아주 근접하게 들어와 가사를 돕기도 하고 간병인과 동반자의 역할도 한다. 물론 그에 따른 부작용 역시 생생한 현실이다. 인간처럼 말하고 행동하도록 프로그램 된 신스들은 말을 아주 또박또박하게 하기 때문에 알아듣기 좋다. 인공지능 시대를 살아가는 우리에게 윤리적이고 근본적인 질문을 던지는 좋은 드라마다. 시즌 3까지 방영되었는데 시즌 4는

제작되지 않을 거라는 얘기가 있다. IT 크라우드에서 젠 역할로 아주 코믹한 모습을 보여준 캐서린 파킨슨이 전혀 다른 역할로 출연해 새로운 모습을 보여준다.

comment ☞ 인공지능 시대의 도래가 두려워질 수도 있다.

개빈 앤드 스테이시(Gavin and Stacey)(2007~2010)
장르: 시트콤　　난이도: ●●●○○

웨일스에 사는 스테이시와 에식스에 사는 개빈의 장거리 연애를 그리는 「개빈 앤드 스테이시」는 개빈의 베스트프렌드 스미시로 나오는 제임스 코든과 스테이시의 단짝 바네사를 연기하는 루스 존스가 함께 제작한 시트콤이다. 소소하고 평범한 일상을 배경으로 하면서 등장인물들의 행동과 대사가 잔잔한 감동과 웃음을 전하는 웰메이드 코미디. 복잡한 런던이 아닌 웨일스 배리 섬(Barry Island)의 잔잔한 바닷가 풍경을 볼 수 있어 좋다.

2012년 영국 수상 관저에서 열린 행사에서 데이비드 캐머런(David Cameron) 전 총리가 스테이시 역을 맡았던 조애너 페이지(Joanna Page)에게 고개 숙여 인사하며 본인을 「개빈 앤드 스테이시」의 엄청난 팬이라고 밝히기도 했다. 당시 캐머런은 시리즈가 너무 짧게 끝났다며 더 많은 에피소드를 만들어달라고 부탁했다고 한다. 그도 그럴 것이 결론이 나지 않은 채 3개 시즌과 크리스마스 스페셜로 막을 내렸기 때문이다. 특히 모두가 궁금해하는 낚시 여행(fishing trip)에서 엉클 브린과 제이슨 사이에 무슨 일이 있었는지 결국 밝혀지지 않고 종영되어 아직까지도 애청자들의 원성을 사고 있다.

comment ☞ 에식스와 웨일스 액센트가 처음엔 알아듣기 어렵지만 익숙해지면 구수한 매력에 계속 듣고 싶어진다. 대식가인 스미시와 바네사의 먹방은 식욕을 끊임없이 자극하고 19금 대화가 자주 나온다.

더 오피스(The Office)(2001~2003)

장르: 시트콤, 모큐멘터리 | 난이도: ●●●◐○

나를 영국 코미디에 완전히 빠지게 한 작품이다. 누군가 영국 시트콤 중 딱 하나만 추천해 달라고 한다면 이 작품을 추천할 것이다. 한 장면 한 장면 모두 영국식 유머의 정석을 보여주기 때문이다. 요즘 자주 시도되는 모큐멘터리(mockumentary) 형식으로 제작되어 자연스럽고 리얼하다. 슬라우(Slough)라는 영국의 중소 도시에 있는 종이 회사 워넘 호그(Wernham Hogg)가 배경인데, 각본가 겸 배우인 리키 저베이스[1]가 지점장 데이빗 브렌트를 연기한다. 독특한 캐릭터의 주인공인 데이빗을 중심으로 사무실에서 근무하는 직원들의 소박하고 꾸밈없는 블랙코미디가 전개된다. 오리지널인 영국 버전은 물론, 스핀오프(spin-off)로 제작된 미국 버전 역시 엄청난 인기를 끌었다.

comment ☞ 블랙코미디를 이해 못 한다면 절대 즐길 수 없다.

더 나이트 매니저(The Night Manager)(2016~)

장르: 드라마, 범죄 | 난이도: ●●●◐○

2016년에 방영된 작품으로 골든 글로브와 에미 상을 포함해 총 11개 부문에서 수상했을 만큼 완성도가 높은 BBC의 미니시리즈다. 소설 『팅커 테일러 솔져 스파이』로 잘 알려진 영국의 작가 존 르 카레의 동명 소설을 원작으로 한 작품으로 유명 배우 톰 히들스턴이 주인공인 나이트 매니저를 연기하고 영국의 중견 배우 휴 로리와 올리비아

---

[1] 영국 코미디언이자 배우, 감독, 프로듀서, 작가다. 다섯 번이나 골든글로브 시상식의 진행을 맡아 예측 불가능한 코멘트로 할리우드 배우들을 긴장시킨 것으로도 유명하다. 영국뿐 아니라 할리우드에서도 영화를 다수 제작했으며 어마어마한 인맥으로 작품마다 수많은 유명 인사가 카메오로 출연한다. 영국 코미디를 좋아한다면 꼭 알아야 할 인물이다.

콜먼 등이 출연한다. 제임스 본드가 몸담고 있는 영국의 정보부 MI6[2]에 대한 내용도 있어 흥미롭다. 이 작품에는 등장인물의 억양을 통해 계급을 파악할 수 있는데 높은 지위와 권력을 가진 사람들은 모두 영국 표준 영어를 쓰고 범죄자라든지 비슷한 부류에 종사하는 사람들과 그 수하에 있는 사람들은 런던 방언인 코크니(cockney)나 지역 방언을 쓴다. 끊임없이 더 높은 곳으로 올라가려는 상류 사회 사람들의 민낯을 볼 수 있다.

comment ☞ 일단 톰 히들스턴이 주인공이라 무척 흥미롭다. 간혹 잔인한 장면들이 나온다.

더 트립(The Trip)(2010~)

장르: 시트콤 　 난이도: ●●●○○

영국의 국민 코미디언 스티브 쿠건과 웨일스의 국민 코미디언 롭 브라이든이 본인 역할로 출연하는 시트콤이다. 2010년에 첫 방영되었고 영국 내의 맛집을 탐방하는 시즌 1과 이탈리아로 무대를 옮긴 시즌 2가 있는데 두 시리즈 모두 재편집되어 장편 영화로 개봉됐다. 그리고 2017년에는 스페인을 탐방하는 세 번째 영화 「트립 투 스페인(The Trip to Spain)」이, 2020년에는 「트립 투 그리스(The Trip to Greece)」가 개봉됐다. 영국과 유럽의 숨겨진 보석 같은 곳들이 끊임없이 등장해 잠자고 있던 식욕과 방랑벽을 마구 깨운다. 맛있는 음식, 아름다운 풍경, 뛰어난 입담과 함께 끼가 넘쳐나는 주인공들의 개인기도 작품의 매력이다. 특히 계속 등장하는 이들의 마이클 케인과 휴 그랜트 성대모사는 잠깐 정신을 쏙 빼놓을 만큼 훌륭하다. 다음에는 또 어떤 아름다운 나라로 돌아올지 내심 기대했는데 그리스 편을 마지막으로 작별인사를 고한다고 한다.

comment ☞ 특별한 스토리텔링이 없어도 잔잔한 스몰토크를 듣는 것이 그

2　영국의 첩보부다. 보통 Military Intelligence, Section 6를 줄여서 MI6라고 칭하는데 공식 명칭은 Secret Intelligence Service다.

림 같은 풍경과 음식 감상을 즐기는 사람에게는 완벽하겠으나, 다이내믹한 전개를 좋아하는 이들에겐 약간 지루하게 느껴질 수도 있다. 보기만 해도 군침 도는 음식이 끊임없이 나오기에 밤에 보는 것은 절대 피해야 한다!

피키 블라인더스(Peaky Blinders)(2013~)

장르: 드라마, 범죄 | 난이도: ●●●●○

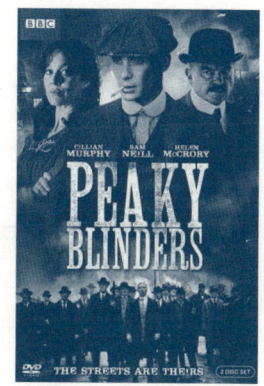

2013년 시작해 2022년 시즌 6로 종영된, 영국에서 최고의 인기를 누린 드라마로 영화 못지않은 완성도가 특징이다. 한 에피소드당 러닝 타임이 1시간이고 내용 자체도 무거운 편이지만 일단 보기 시작하면 등장인물들의 완벽한 연기와 영상미, 세련된 음악에서 벗어날 수 없을 것이다. 한국에서도 몇 년 전부터 꽤 유명세를 떨치며 주인공인 킬리언 머피의 인지도도 많이 높아졌다.

이 작품은 1차 세계대전 후 아직 전쟁의 후유증이 가시지 않은 1919년에 영국의 지방 도시인 버밍엄에서 일어나는 일들을 우아하게 그려냈다. 작품 제목인 Peaky Blinders는 실제로 버밍엄을 주름잡았던 셸비 가문(Shelby Family)을 가리키는데, 드라마 속에서는 그 가문의 둘째 아들 토머스 셸비를 배우 킬리언 머피가 연기한다. 실로 안정적이고 매력적인 버밍엄 액센트를 선보인 킬리언 머피는 사실 아일랜드 출신으로 자국 영화에서는 정통 아이리시 액센트를, 할리우드 영화에서는 미국 액센트를 능숙하게 쓰는 언어 능력자다. 세력을 넓히려는 셸비 가문과 다른 가문들과의 팽팽한 신경전, 스파이였던 그레이스와 토미의 로맨스, 런던을 넘어 미국으로까지 진출하려는 토미의 욕망이 작품의 주요한 이야기를 이룬다. 유명 배우인 톰 하디와 애드리언

브로디가 카메오처럼 출연하며 스타일리쉬한 사운드트랙 역시 작품의 완성도에 한 몫을 한다.

comment ☞ 버밍엄과 아이리시 액센트에 익숙해져야 리스닝이 편해지겠지만 스토리가 워낙 흥미진진하고 연출이 매력적이어서 금방 빠져들 거라 장담한다. 갱스터 시리즈이므로 선정적, 폭력적인 장면들이 꽤 많이 나온다.

피플 저스트 두 낫싱(People Just Do Nothing)(2014~)

장르: 시트콤, 모큐멘터리 　　난이도: ●●●●◐

BBC Three에서 2014년부터 방영된 이 시트콤은 개러지 음악에 혼을 바쳐 해적 라디오 스테이션인 Kurupt FM을 진행하는 멋에 살고 멋에 죽는 뮤지션들의 이야기다. 모큐멘터리 형식으로 극중 인물들의 음악에 대한 자부심과 열정, 뮤지션의 화려한 삶에 대한 환상과 그와 반비례하는 다소 평범하고 무난한 현실을 대조적으로 보여준다.

이런 큰 줄거리를 중심으로 싱글맘, 나라에서 주는 보조금과 약에 의존해 사는 영국 청년층의 현실을 재치 있으면서도 적나라하게 그려 각광을 받았다. 극의 치솟는 인기와 함께 영국의 유명 텔레비전 시상식인 BAFTA(British Academy of Film and Television Arts)에서도 수상하고 포스트 말론, 에드 시런 등 유명 뮤지션들과 협업한 콘텐츠가 제작되는 등 높은 인기를 누렸다.

comment ☞ 강한 코크니 액센트는 영국인도 가끔 알아듣기 어려워할 정도로 어렵다. 이 시트콤에서는 90퍼센트 이상이 코크니 액센트의 영어인 데다가 그 외 온갖 슬랭이 범벅되어 난이도가 조금 높다.

타부(Taboo)(2017)

장르: 시대극   난이도: ●●●●◐

「피키 블라인더스」의 각본 및 제작을 맡은 스티븐 나이트가 만든 또 하나의 수작이다. 「피키 블라인더스」에서 알피 솔로몬 역으로 출연했던 톰 하디가 주연을 맡고 리들리 스콧이 제작에 참여하는 등 연출과 스토리, 연기 모두 훌륭하다. 이 작품은 1800년대 밴쿠버섬 근처에 위치한 작은 섬인 누트카섬(Nootka Sound)을 놓고 영국 정부와 동인도회사(East India Company), 딜레이니 가문이 벌이는 갈등, 또 영국과 미국의 신경전 등을 그렸다.

누트카섬은 중국으로 향하는 길이 있는 태평양 연안 북서부에 위치해 실제로 1700년대에 이 섬을 놓고 영국과 스페인이 전쟁까지 일으킬 뻔했을 정도로 정치적으로 많은 다툼이 있던 곳이다. 「타부」에서는 이를 각색해 딜레이니 가문을 중심으로 누트카섬의 소유권을 탐내는 여러 집단의 팽팽한 싸움을 당시 논란거리였던 노예 제도와 함께 그려냈다.

comment ☞ 영화 「다크나이트 라이즈」와 「레버넌트」를 본 사람들은 알겠지만 톰 하디의 말은 알아듣기 어려운 편인데 여기에서도 마찬가지다. 거기다 정치 이슈까지 복잡하게 얽혀 있는 작품이라 이야기 전개를 놓치지 않고 잘 따라가려면 주의를 기울여야 한다.

더 씩 오브 잇(The Thick of It)(2005~2012)

장르: 정치   난이도 ●●●●●

영국인 친구가 꼭 보라고 여러 번 권유했을 만큼 영국에서도 인기가 아주 많았던 웰메이드 정치 코미디다. 정치를 다루다 보니 어휘나 표현의 수준이 꽤 높다. 정치 용어를 미리 공부하면 복잡한 내용과 빠른 전개를 이해하는 데 많은 도움이 될 것이다. 영국 노동당(Labour Party)의 홍보국장(Director of Communication)인 말콤 터커[3]를 중심으로 장관들, 보좌관들 등, 정치 요직에 있는 인물들이 스캔들에 휘말렸을 때의 대처법, 야당(opposition)과의 소리 없는 전쟁 등을 가감 없이 보여준다. 그저 무거운 정치 이야기가 아닌 유머가 전체적으로 깔려 있어 재미있게 볼 수 있다. 이 작품을 섭렵하면 웬만한 영국의 정치 용어들을 자연스럽게 마스터할 수 있을 것이다. 이 작품은 영화화되어 「인 더 루프(In The Loop)」(2009)라는 제목으로 개봉되었다.

comment ☞ 주인공 말콤의 스코티쉬 액센트와 말하는 속도는 따라잡기가 어렵다. 거기다 비속어와 정치 용어들이 따발총처럼 등장해 조금이라도 집중하지 않으면 바로 흐름을 놓칠 수 있다.

■ 기타

그 밖에도 영어 공부를 할 수 있는 TV 쇼들이 있다. 한 회를 다 보는 게 조금 부담스럽다면 유튜브에 짧게 올라오는 클립들도 있으니 하루에 한두 편씩만 봐도 많은 도움이 될 것이다.

더 레이트 레이트 쇼 위드 제임스 코든
(The Late Late Show with James Corden)(2015~)

영국 텔레비전 쇼는 아니지만 현재 영국에서 제일 '핫'하다고 할 수 있는 코미디언, 작가 겸 프로듀서인 제임스 코든이 저 멀리 LA로 건너가 진행을 맡았다.

---

3 말콤 터커는 극 중에서 자신을 English라 불렀다고 발끈하는 스코틀랜드 사람이다. 이 장면을 통해 Scottish를 English라고 부르는 것은 무례한 실수가 될 수 있음을 알 수 있다.

1978년생으로 수많은 프로그램의 각본을 직접 쓰고 출연했을 뿐 아니라 프로듀싱까지 맡아온 그는 2015년부터 미국 CBS에서 본인의 이름을 내세운 토크쇼를 진행하고 있다.

이 쇼는 미국에서 오랫동안 방영된 쟁쟁한 경쟁 프로그램들을 누르며 토크쇼의 신흥 강자로 떠올랐다. 특히 유명 가수들이 출연해 차 안에서 이야기와 노래를 함께하는 코너 'Carpool Karaoke'는 아델, 머라이어 캐리, 저스틴 비버, 폴 매카트니 등 최고의 가수들의 참여로 어마어마한 유튜브 조회 수를 기록하며 엄청난 인기를 끌고 있다. BTS도 꽤 여러 번 출연했다. 워낙 프로그램의 모든 코너가 재미있기 때문에 즐기면서 보다 보면 덤으로 영어 실력까지 늘 것이다.

위키스트 링크(The Weakest Link)(2000~2012)

BBC의 전통 있는 장수 퀴즈 프로그램으로 2000년에 시작해 2012년에 종영했다. 원래 'the weakest link'란 연결되어 있는 고리 중 가장 약한 것을 뜻한다. 이 프로그램은 다른 퀴즈쇼와 달리 출연자들이 최종 라운드에 오르기 전까지 상금을 함께 적립하는 방식으로 진행된다. 그리고 매 라운드마다 본인들이 생각하기에 가장 약하다고 생각되는 출연자, 곧 the weakest link를 공개 투표로 탈락시킨다. 게임 방식이 냉철하지만 그보다 더 냉철한 건 12년간 이 쇼의 호스트를 맡은 앤 로빈슨이다. 눈 하나 깜빡 안 하고 'Goodbye!'를 외치는 모습에 통쾌함과 동시에 탈락자에게 동정심을 느낀다는 시청자의 평이 많다. 출연자들이 퀴즈를 풀 때 본인도 모르게 감정이입이 되어 뇌가 풀가동되고 자동으로 영어 공부까지 될 것이다.

우리의 지구(Out Planet)

다큐멘터리는 지식도 얻고 영어도 배우기에 완벽한 수단이다. 슬랭도 나오지 않고 발음도 명확하며 속도도 적당하다. 많고 많은 다큐멘터리 중 무엇을 봐야할지 첫 스타트를 끊기 어렵다면 동물학자이자 영화감독인 데이비드 애튼버러(David Attenborough)가 나레이션을 맡은 다큐멘터리를 추천한다. 먼저 작품의 퀄리티가 보장되어 있고 애튼버러의 품격 있는 목소리와 억양은 듣는 이의 마음을 편안하게 한다. 지구에 관한 이야기를 담은 '살아있는 지구(Planet Earth)', '프로즌 플래닛(Frozen Planet)' 등 플래닛 시리즈가 유명하며 그 중 우리의 지구를 추천한다.

BBC 러닝 잉글리시(BBC Learning English)

BBC에서 운영하는 웹사이트로 문법, 발음, 어휘 등 방대한 양의 영어 학습 방안을 제공한다. 'English In A Minute' 코너에서는 1분 안에 많은 사람들이 헷갈려 하는 영어 단어들을 설명해준다. 예를 들어 우리가 쉽게 혼동하는 'raise'와 'rise'의 차이점, 'stop to do'와 'stop doing'이 어떻게 다른지 짧은 시간 내에 알려주기 때문에 바쁜 시간 짬을 내서 영어를 공부하려는 사람들에게 알맞다. '한국 사람을 위한 영어 코스'도 준비되어 한글로 된 설명과 함께 다양한 카테고리의 자료를 볼 수 있다. 자료의 스크립트가 제공되며 오디오를 다운로드할 수도 있고 퀴즈가 함께 있는 경우도 많기 때문에 편리하고 재미있게 이용할 수 있다. 한 가지 아쉬운 점은 한국 웹사이트에 비해 가독성이 별로 좋지 않다. 하지만 전문적이고 유용한 자료가 가득하니 한번쯤은 들러서 확인해보길 추천한다.

컹크의 색다른 영국 이야기(Cunk on Britain)(2016~2018)

영화나 드라마는 아니지만 영국의 시초부터 현대까지의 역사를 모두 다루기에 꼭 소개하고 싶은 작품이다. 영국의 배우이자 코미디언인 다이앤 모건이 가상의 기자(위키피디아에는 무식한 기자라고 소개되어 있다) 필로미나 컹크(Philomena Cunk)로 분해 영국의 전체 역사를 빠른 속도로 소개하며 전문가들을 인터뷰하는 모큐멘터리로 한국어 제목은 공식적으로 나온 게 없는데 또 다른 시리즈인 Cunk on Earth가 컹크의 색다른 지구 이야기로 번역되었기 때문에 저렇게 제목을 붙였다.

역사 지식이 전무한 것 같아 보이는 컹크가 전달하는 솔직하고 적나라하면서 어떻게 보면 어이없는 설명은 오히려 귀에 더 쏙쏙 들어온다. 내로라하는 전문가들에게 하는 질문의 수준은 실소가 절로 터진다. 전문가들을 엉뚱한 질문으로 당황하게 하는 장면들은 쇼츠로 만들어져 유튜브에서 막강한 조회수를 기록한다. 잉글랜드 북서부의 맨체스터 위쪽에 위치한 볼턴에서 태어난 그녀의 액센트는 매우 정감 있고 듣기 편하다. 공영방송인 BBC에서 이런 작품을 만들다니 질투가 날 정도로 유쾌하게 그 위대한 대영제국의 역사를 희화화하고 꼬집는다. 물론 믿고 보는 BBC라 완성도는 매우 높다. 2023년 현재에는 유튜브에 전 에피소드가 올라와 있는데 아쉽게도 한글 자막은 없다.

복잡한 역사의 파편들을 하나의 연대기로 짧고 굵게 정리해줘서 역사를 이해하는 데 도움이 많이 되었다. 그 내용을 토대로 이정표가 될 만한 역사적 사건들을 키워드와 함께 나의 부차적인 설명과 덧붙여 간결하게 정리해보았다.

■ **짧고 굵게 보는 영국의 역사**

□ **로마제국의 침략**

B.C. 55년 카이사르가 최초로 영국을 정복하려고 시도했다고 알려져 있다. 이후 여러 번의 정복시도와 함께 잔혹하고 야만적인 것으로 유명한 켈트족의 저항에 부딪혔지만 결국 정복에 성공해 영국에 많은 변화를 가져온다. 동전을 도입하고 로마의 목욕탕인 바스(Bath) 역시 도입한다. 잉글랜드의 도시인 바스는 실제로 이름을 목욕탕이라는 의미의 Bath에서 따왔으며 당시의 목욕탕이 그대로 보존되어 있다. 영화 레미제라블에서 자베르가 몸을 던지는 펄트니 다리(Pulteney Bridge)도 이곳에 있으며 19세기 초에 제인 오스틴이 이 도시에 살았던 것으로도 유명하다.

도시 전체가 유네스코 세계 문화유산 보호지역으로 지정되어 있기 때문에 건물들의 색도 통일되어 있고 아주 깔끔하며 조용하다.

□ **암흑시대(Dark Age)**
아서왕 같은 신화적인 존재들이 등장한다.

□ **바이킹의 침략**
사진으로만 봐도 무시무시한 바이킹이 영국을 침략하고 영국의 알프레드 왕은 항복하며 바이킹이 요크에 정착하도록 허락한다.

□ **헤이스팅스 전투**
1066년 일어난 전투로 영국 역사 중 가장 유명한 사건이라고도 한다. 프랑스의 윌리엄이 왕좌를 노리고 침략해 영국의 해럴드와의 전쟁에서 대승을 거두며 왕좌에 오르며 정복왕 윌리엄(William the Conqueror)이라는 별명을 얻는다.

□ **마그나카르타(Magna Carta)**
국민들의 삶이 점점 더 곤궁해지던 중세시대, 국민들의 권리를 보장하기 위한 마그나카르타에 존 왕이 서명한다.

□ **제프리 초서(Geoffrey Chaucer)**
영국 시의 아버지라 불리는 〈캔터베리 이야기(Canterbury Tales)〉저자 초서가 등장한다.

□ **흑사병**
14세기 중반, Black death, plague 등으로 불리는 흑사병이 창궐해 인구의 반이 죽는 엄청난 비극을 맞는다.

□ **장미전쟁(The War of the Roses)**
15세기 중반부터 후반까지 지속된 장미 문장을 쓰는 두 집안, 랭커스터 가와 요크 가의 추종자들 사이에서 벌어진 싸움이다.

☐ 헨리 8세

리처드 3세가 그 유명한 헨리 8세를 낳으며 튜더 가문이 시작된다. 아들을 낳지 못하는 아라곤의 캐서린과 이혼하고 앤 불린과 결혼하기 위해 캐서린과 이혼함으로 가톨릭과 결별하고 그로 인해 영국 국교인 성공회(Church of England)가 설립된다. 이는 현재에 이르기까지 영향을 미치는 실로 거대한 사건이다.

☐ 레이디 제인 그레이

헨리 8세가 죽고 그의 아들인 에드워드가 9세에 왕위에 오르지만 15세에 죽는다. 권력에 눈 먼 시아버지에 의해 어쩌다 레이디 제인 그레이가 9일간 왕위를 지키다 폐위되고 이후 처형당한다. 원치 않게 여왕이 되어 비극적인 운명을 맞이한 비운의 여왕으로 '9일의 여왕(Nine Days' Queen)'이라는 별칭이 있다.

☐ 메리 1세

메리 튜더 또는 블러디 메리라고 불리는 메리 1세가 왕위를 이어 받는다. 헨리 8세와 아라곤의 캐서린 사이에서 태어난 자녀들 중 유일하게 살아남은 아이로 블러디 메리라는 이름에서 알 수 있듯이 그녀는 광적인 가톨릭 신자로 가톨릭교를 부활시키고 신교도 수백 명을 화형 시킨다.

☐ 엘리자베스 1세

드디어 우리에게 익숙한 이름 엘리자베스 1세가 등장한다. 메리 1세가 후세를 낳지 못하고 죽자 엘리자베스 1세가 왕위에 오르는데 엘리자베스는 헨리 8세의 두 번째 아내였던 앤 불린의 딸로 메리 1세와는 이복자매이다. 신교도였던 엘리자베스 1세는 영국의 국교를 다시 성공회로 복원시킨다. 후에 자세히 다루지만 영국의 국교가 가톨릭교인지, 개신교인지는 영국 영어의 역사에도 지대한 영향을 미치는 중대한 사안이다.

□ 메리 스튜어트

엘리자베스 여왕에게는 메리라는 숙적이 스코틀랜드에 또 하나 있었다. 스코틀랜드의 여왕이었기 때문에 퀸 오브 스코츠(Queen of Scots)라고 불렸는데 잉글랜드의 왕권을 노리다가 결국 엘리자베스에게 처형된다. 이 내용도 뒤에 자세히 다뤄진다.

□ 제임스 1세

엘리자베스가 적자를 남기지 않고 죽으며 튜더가의 역사는 끝이 난다. 메리 스튜어트의 아들 제임스가 스코틀랜드와 잉글랜드의 왕위를 모두 이어받아 어머니의 명예를 회복한다. 제임스 왕이 스코틀랜드, 잉글랜드, 웨일즈, 아일랜드의 왕위를 모두 차지하며 그레이트 브리튼(Great Britain)이 탄생하고 지금의 영국을 대표하는 이미지인 영국 국기 유니언 잭(Union Jack)도 탄생한다. 제임스 왕은 가톨릭 교도였던 자신의 어머니와는 다르게 개신교도로 영국은 굳건히 개신교 국가로 자리 잡는다. 제임스 왕의 유년 시절 스승이었던 조지 뷰캐넌이 그를 하나님을 두려워하는 왕으로 교육했다고 알려져 있다.

□ 청교도

1631년을 시작으로 약 2만 명의 청교도들이 아메리카로 이주한다.

□ 올리버 크롬웰

제임스 1세가 죽고 그의 아들이었던 찰스 1세가 왕위에 오르지만 정치가이자 군인이었던 올리버 크롬웰의 주도로 찰스 1세가 처형당하고 크롬웰은 영국의 정치권력을 장악해 호국경(Lord Protector)이 되며 독재에 가까운 권력을 휘두른다.

□ 왕정복고

올리버 크롬웰의 죽음으로 망명생활을 하던 찰스 2세가 돌아와 군주제를 회복한다. 크롬웰의 시신은 파헤쳐져 부관참시 된다.

□ 런던 대화재

1665년 다시 전염병이 퍼지고 1666 런던 대화재가 일어난다.

이후에는 우리에게 익숙한 이름들이 점차 등장하는 시기로 아이작 뉴튼, 로드 바이런, 제인 오스틴, 찰스 디킨스와 같은 걸출한 인물들이 수백 년의 간격을 두고 이름을 날린다. 1914년 세계1차대전이 발발하고 1939년 세계2차대전이 발발한다. 윈스턴 처칠이 총리가 되고 1953년 엘리자베스 2세가 대관식을 올린다. 비틀즈가 세상에 나오고 스윙잉 런던을 걸쳐 찰스와 다이애나의 결혼식이 있고 오아시스, 데미안 허스트, 블러 등 아직까지도 영국의 전설로 불리는 아티스트들이 활동한다. 2014년 스코틀랜드가 영국에서 독립하기 위해 국민투표(referendum)를 실시하지만 반대표가 더 많아 영국에 남기로 결정되고 영국은 브렉시트가 통과되며 2020년 1월, 공식적으로 유럽을 떠난다.

3. 영화, 드라마에서 찾은 영국 영어

재미있는 작품들을 훑어봤으니 다음은 그 작품들을 어떻게 자신의 것으로 만들지를 배우는 단계다. 영어 스피킹을 정말 잘하고 싶다면 드라마에서 본 배우를 흉내 내는 것을 추천한다.

   여러 사람들을 자세히 관찰해본 결과, 평소 남의 특징들을 파악해서 흉내를 잘 내는 사람들이 영어를 잘하고 실력이 빨리 늘었다. 문법적으로 완벽하거나 어휘가 고급스럽진 않더라도 드라마 속 문장을 통째로 외운 뒤 배우의 표정과 몸짓까지 따라하다 보면 그 문장이 나온 장면과 상황까지도 자연스레 입력된다. 이런 정보들이 쌓여 나중에 비슷한 상황을 마주했을 때 자신도 모르게 그 영어 문장이나 단어를 사용하게 되는 것이다. 다만 그렇게 되기까지 몇 번이고 작품을 반복해서 봐야 한다. 다시 한번 강조하지만 언어 학습에서 반복은 정말 중요하다. 따라서 계속 반복해도 지루해지지 않을 자신만의 작품 리스트를 만드는 것은 필수다.

   이번에는 영어권 국가에서 자주 쓰이지만 우리에겐 생소한 표현을 드라마와 영화를 통해 소개한다. 단어나 표현이 나오는 앞뒤 상황을 간략하게나마 써놓은 이유는 맥락을 알지 못하면 단어를 아무리 외워도 소용이 없기 때문이다. 예를 하나 들자면 Marry라는 단어를 들으면 가장 먼저 떠오르는 말은 '결혼'이다. 이렇게 단어와 정의를 일대일로 대응해서 'Marry = 결혼', 또는 조금 더 제대로 외운 경우 '결혼하다'라고 단어를 외워도 I will marry him, I got married to him, I am married to him, 등 각 상황에서 쓰이는 정확한 형태와 그에 따르는 필수 전치사 등을 간과해 틀린 문장을 쓰게 될 확률이 높다. Say, talk, tell도 쓰이는 상황이 모두 다르기 때문에 단지 '말한다'라고 외워서는 정확히 쓸 수 없고 tell 같은 경우 be 동사와 함께 수동태로 쓰이는지 능동태로 쓰이는지에 따라 뜻도 완전히 다르다. 때문에 단어 대 정의로 외우기보다는 단어가 쓰이는 상황과 형태를 반드시 함께 알아야 제대로 쓸 수 있다. 아래 소개한 표현들은 영국 영어에서 비롯된 표현이 대부분이나 반드시 영국에서만 쓰는 것들은 아니다. 앞에서 배운 표현들도 있으니 복습해보자.

Are you having a laugh?

출처: 엑스트라(Extras) S01E02

주연 배우가 되고 싶지만 오랜 기간 동안 엑스트라 역할만 맡고 있는 엑스트라들의 비애를 그린 시트콤이다. 'Are you having a laugh?'라는 표현은 언뜻 '너 웃고 있는 거니?'라는 의미로 생각할 수 있지만 '너 지금 장난해?'라는 뜻이다. 시트콤에서 연기자 역할을 맡은 앤디가 본인의 텔레비전 쇼에서 유행시킨 유행어이며, 'Are you kidding me?'와 같은 뜻이다.

> **Andy**: We're about the same age. 우리 둘이 비슷한 나이야.
> **Maggie**: Is he? 진짜?
> **Andy**: Yeah 응.
> **Maggie**: He looks a lot younger than you. 너보다 훨씬 젊어 보이는데.
> **Andy**: You're having a laugh. He hasn't got any hair. 장난해? 저 사람은 머리숱도 거의 없잖아.

Do one's head in

출처: 엑스트라(Extras) S02E01

단어 조합을 하나하나 뜯어봐도 그 뜻을 유추하기 어려운 표현인데, '~때문에 화나다/짜증나다'라는 의미다. 주인공 매기가 촬영장에서 같이 엑스트라 배우로 일하던 친구를 만났는데 요즘 잘나가는 자신의 연기 경력을 늘어놓으며 매기의 속을 긁어놓는다.

Maggie's friend: You're not still an extra, are you? God, that must <u>do your head in.</u> You know, I'm an actress now. 너 아직까지 엑스트라는 아니겠지? 아. 정말 짜증나겠다. 난 이제 배우인데.

Up the duff

출처: 개빈 앤드 스테이시(Gavin and Stacey) S03E03

'임신했다'는 표현이다. 파티에서 술을 먹지 않는 스테이시에게 친구들이 이유를 묻는 상황에서 바네사가 스테이시가 임신했을지도 몰라서 그런다고 말하자 스테이시는 자신의 동의도 없이 사실을 말한 것에 화를 낸다. 특히 스테이시의 'I weren't gonna say nothin'.'라는 말에는 한 문장에 부정어가 두 번 사용된 이중 부정(double negative)과 주어 be동사의 불일치 등 웨일스 영어의 특징이 잘 나타난다.

Friend: How comes you're not drinking? 너 왜 술 안 먹어?
Stacey: I can't really say. 말하기 좀 그래.
Vanessa: She thinks she may be <u>up the duff</u>. 스테이시 임신한 것 같대.
Friends: Oh, my God! Serious? 말도 안 돼! 진짜?
Stacey: I weren't gonna say nothin'! 난 말 안 하려고 했는데!

Chuffed, Knackered

출처: 개빈 앤드 스테이시(Gavin and Stacey) Christmas Special

앞에서 이미 다룬 표현으로 chuffed는 '아주 기쁜', be knackered는 '피로해서 녹초가 된'이라는 뜻이다. 개빈이 가족과 친구들에게 웨일스로 발령 소식을 전하는 장면이다. 개빈은 승진하면서 카디프로 발령가게 되어 아주 기쁘다고 말하고 스미시는 7시간 왕복 통근을 어떻게 하냐며 걱정한다.

Gavin: They expanded and as a result, I've been offered a promotion.. Alright thanks. I'm really <u>chuffed</u>. The other good news, well we see it as good news is that the new job is with the new branch in Cardiff. 저희 회사가 확장을 하게 되어서 승진을 제안받았어요. 감사합니다. 정말 기쁘네요. 다른 좋은 소식은, 저희는 좋은 소식이라 생각하는데, 바로 그 새로운 일이 카디프의 새 지점에 있다는 거예요.

Smithy: Cardiff? You're gonna be <u>knackered</u> mate. That's a seven-hour round trip, innit, everyday? They're paying you expenses? 카디프? 너 완전 뻗을 텐데. 매일 왕복 7시간이잖아, 안 그래? 경비는 지원해줘?

Get the chop

출처: 더 오피스(The Office) S01E01

Sacked와 동의어로 말 그대로 '잘리다(해고되다)'라는 뜻이다. 정리 해고가 예상되는 분위기에서 돈(Dawn)이 데이빗에게 '우리 지점이 잘릴 수도 있잖아요.'라고 말하는 장면이다.

Dawn: It was just that I was in the meeting with Jennifer and she said that it could be this branch that <u>gets the chop</u>. 제가 제니퍼와 함께 미팅에 있었는데 제니퍼가 우리 지점이 잘릴 수도 있다고 했어요.

Be made redundant, Mental

출처: 더 오피스(The Office) S02E05

역시 '해고되다'라는 뜻이다. Mental은 앞에도 나왔듯이 정신이 나가거나 미쳤음을 나타내는 말이다. 직원들이 잘릴 뻔한 위기를 모면한 슬라우 지점에서 이제 점장인 데이빗이 해고될 위기에 처했다. 데이빗은 해고 통보를 받고 직원들에게 하소연을 한다. 모든 대사들이 거의 똑같은 이 작품의 영국 버전과 미국 버전의 첫 번째 에피소드를 비교해보면 각국의 업무 용어들의 차이점을 파악할 수 있다. 예를 들어, 구조조정을 영국에서는 reshuffle이라고 하며, 미국에서는 downsizing이라고 한다.

David: If you're wondering what that meeting was just about in there, that's it. I've <u>been made redundant</u>. After it was me who saved others from redundancy. I said you lot are going <u>mental</u>. 만약 저 미팅이 뭐였는지 다들 궁금해하고 있다면, 맞아요. 저 해고당했어요. 내가 당신들 정리 해고를 면하게 해줬는데. 그래서 다들 미친 듯이 난리 날 거라고 말했죠.

Are you taking the piss?, Joshing

출처: 더 씩 오브 잇(The Thick of It) S01E02

부정적인 의미로 '너 지금 나 놀리냐?'는 뜻이다. 새로운 정책에 관해 이야기하던 중 글렌이 청소년에 관한 아이디어를 내놓으며 자신은 청소년이 무섭다고 하자 가장 나이가 어린 올리가 무서운 소리와 제스처를 보인다. 이에 글렌이 화를 내는데 올리가 농담이라고 말한다. 이때 josh는 joke와 동의어다.

Glen: Youths. You know? People are afraid of youths. I mean, I know I am. 청소년. 사람들은 청소년들을 무서워해요. 내 말은, 나는 그래요.
Olly: Grrr. 그르렁.
Glen: You taking the piss? 지금 나 놀리는 거야?
Olly: No. I'm just joshing. 아니요. 그냥 농담한 거예요.
Glen: It sounds like you're taking the piss. 놀리는 것처럼 들리는데.
Olly: It's just good-natured joshing. There's nothing to worry about. 그냥 악의 없는 농담이에요. 신경 쓰지 않아도 돼요.

Damp Squib

출처: IT 크라우드(The IT Crowd) S04E06

원어민들도 자주 헷갈려 하는 damp squib이라는 단어 때문에 생기는 오해를 그린 장면이다. 직역하면 '축축한 폭죽'으로 폭죽이 젖어 있으면 불이 붙지 않기 때문에 무언가 신나는 일을 기획했다가 실패로 끝나거나 김빠진 상황, 헛수고 등을 말한다. 젠이 '단상'이라는 뜻의 pedestal을 pedal stool로 잘못 말하자 로이가 젠에게 망신을 주는데, 그랬던 로이가 엄숙한 법정에서 damp squib을 damp squid(오징어)라고 잘못 말한다. 젠은 이를 복수의 기회로 삼아 사람들 앞에서 로이의 잘못을 지적하며 망신을 준다. 이 표현에 대해 너무 자세히 설명하기 때문에 이 장면을 보고 나면 절대로 damp squib을 잘못 말하게 되는 일은 없을 것이다.

Jen: Yes, but did you say 'damp squid'? 그런데 지금 '축축한 오징어'라고 말했죠?
Roy: That's right. 네 맞아요.
Jen: Did you not mean, 'damp squib'? '축축한 폭죽'이라고 말한 게 아니고요?

Roy: No, it's 'squid'. What's a squib? 아뇨. '오징어'예요. 폭죽이 뭐예요?(squib은 그리 흔한 단어가 아니라서 로이는 그 단어를 모른다.)

Jen: It's not 'squid'. Squids are already damp! '오징어'가 아니에요. 오징어는 이미 축축하잖아요!

Roy: Hence the phrase! 그러니까 그런 표현이 나왔죠!

Judge: It is 'squib'. I must say, I find it extraordinary that you, a man in your early 30s, could have reached this point in your life without knowing that it is 'squib'. '폭죽'이 맞습니다. 30대 초반의 남자가 아직도 '폭죽'이 맞는 것도 모르고 그 나이까지 먹었다는 사실이 놀라울 뿐이네요.

Roy: I think it's 'squid'. 제 생각엔 '오징어'가 맞는 것 같은데요.

Weedy

출처: IT 크라우드(The IT Crowd) S02E02

'허약하고 비실하다'는 뜻이다. 로이가 새로 산 휴대폰의 진동이 너무 약하다며 모스에게 투덜댄다. 참고로 허약한 사람을 weedy person이라고도 한다.

Roy: Only problem with it is that it's got a very <u>weedy</u> vibrate setting. I mean, watch this. I mean, what is that? 이 휴대폰의 한 가지 단점이라면 진동이 너무 비실하다는 거야. 봐봐. 이게 뭐야?

Moss: I'll sort it out. 내가 해결해줄게.

Six figure salary

출처: 데릭(Derek) S01E04

지적 능력이 조금 모자라지만 누구보다도 선한 마음을 가진 주인공 데릭이 요양보호소에서 간병인으로 일하면서 겪는 일을 그린 모큐멘터리다. 이 시설에서 보호사로 일하는 한나는 우연히 어머니를 모시고 온 고등학교 동창 레베카를 만난다. 레베카는 끝없이 자기 자랑을 늘어놓으며 자신의 방이 다섯 개인 아파트와 'six-figure-salary'를 강조하는데 여기서 figure는 digit과 같이 숫자의 자리수를 의미한다. 즉 여섯 자릿수의 연봉을 뜻하는데 이는 10만 파운드가 넘어가는 액수로 원화로 약 1억 6천만 원, '억대 연봉'을 뜻한다.

Hanna: It's funny, you know, seeing Rebecca Shaw's made me feel a bit sorry for myself. With her five-bedroom house and her six-figure salary and her Prada bag and her Jimmy Choo shoes. 참 웃기네요. 방 다섯 개짜리 집, 억대 연봉, 프라다 가방과 지미추 신발을 가진 레베카 쇼가 내 자신을 조금 한심하다고 느껴지게 만드는 게.

Snuff it

출처: 다운튼 애비(Downton Abbey) S01E07

'죽다'의 과격한 표현으로 영어 사전에는 '뒈지다'라고 정의되어 있다. 항상 it과 함께 쓰인다. 다운튼 애비의 안주인인 코라의 유산 후 하인들이 모두 걱정하는 가운데 항상 무례한 언사로 사람들의 심기를 건드리는 토마스가 다른 하인 윌리엄의 연약한 마음을 비꼬며 또 한 번 사람들을 화나게 만드는 장면이다.

Thomas: If he carries on like this for the unborn baby of a woman who scarcely knows his name, no wonder he fell to pieces when his old mum snuffed it. 자기 이름도 거의 모르는 여자의 태어나지도 않은 아기가 죽었다고 이 정도로 반응하는 거라면 지 엄마가 뒈졌을 때는 얼마나 무너졌을지 안 봐도 뻔하지.

Crack on

출처: 피플 저스트 두 낫씽(People Just Do Nothing) S02E04

앞에서 소개된 표현이다. 디코이와 쳐버디 지(Chabaddy G)가 함께 새로 오픈할 가게를 정리하고 있다. 쳐버디 지는 디코이에게 계속해서 쓸데없는 이야기들을 하고, 별로 그 이야기에 관심이 없는 디코이는 빨리 하던 일부터 끝내자고 말한다.

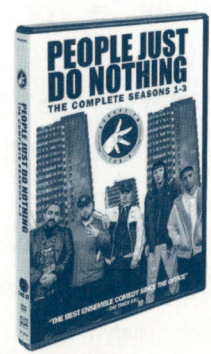

Decoy: Shall we just get on with his? 하던 일이나 계속할까요?
Chabbudy G: Let's crack on, let's crack on, no worries. 계속합시다. 계속해. 걱정 마.

Slag someone off

출처: IT 크라우드(The IT Crowd) S03E02, 더 오피스(The Office) S02E02

'누군가를 욕하다/헐뜯다'라는 뜻이다. 「IT 크라우드」에서 축구에 대해 아무것도 모르는 로이가 축구 팬인 척 행동하다가 실제 축구 광팬인 배리에게 축구 슬랭을 잘못 써서 들통나는 장면이다.

Roy: Hey, hey now, little man. You can stand there and slag me off all you like. But don't you start talking about how I feel about my beloved

West Ham. Cos I love 'em. I love 'em gooners.[4] 어이 거기. 내 욕은 얼마든지 해도 괜찮아. 근데 내 사랑 웨스트 햄을 내가 어떻게 생각하는지는 말할 생각도 하지 마. 왜냐면 난 그들을 정말 사랑하거든. 난 구너를 사랑해.
Barry: That's bloody Arsenal! 그건 빌어먹을 아스날이거든!

「더 오피스」에서 다른 지점의 점장인 닐과 말다툼을 한 데이빗이 직원들에게 닐이 험담을 하고 다닌다며 이간질한다.

David: He showed his true colours. 닐이 본색을 드러냈어.
Tim: He seems like a good bloke. 좋은 사람 같던데요.
David: I'd better not say anything then. Watch your back. <u>Slagging you off</u>. 그럼 난 아무 말도 안 하는 게 낫겠네. 조심해. 닐이 네 험담을 하고 다니니까.

PIN

출처: 라이엇 클럽(The Riot Club)」(2014)

옥스퍼드대학교를 다니는 영국의 상류층 학생들의 디너클럽인 The Riot Club에 관한 이야기다. 기득권층의 권력이 얼마나 막강한지 그리고 그 권력에 물들어갈 때 한없이 추악해지는 인간의 모습을 보여준다. 아래 예시는 주인공 라일이 강도를 당하는 장면이다. 으슥한 길거리, 강도들이 세상물정 모르는 라일에게 접근해 ATM으로 끌고 간 뒤 그의 카드로 돈을 인출하려고 비밀번호인 PIN Number를 부르라고 한다. 그러자 라일은 PIN이라는 단어를 오용한 강도들의 무지를 짚는다. 이에 강도들은 온갖 영국식 욕을 내뱉는다.

Mugger: Put in the <u>PIN</u> number and take out 200. Come on, put in the fuckin' PIN number! 비밀번호(PIN number) 누르고 200파운드 인출해. 빨리,

---

4 아스날 팬을 지칭하는 닉네임이다.

비밀번호 누르란 말이야!

Ryle: It's actually just "PIN". 사실 그냥 'PIN'이야.

Mugger: What? 뭐?

Ryle: The N stands for number, it's Personal Identification Number. So, if you say "PIN number", you're saying "number" twice. You're saying "Personal Identification Number number". It's just wrong! PIN은 개인 식별 번호(Personal Identification Number)로 N이 '번호'를 뜻하는 거야. 그래서 'PIN number'라고 할 경우 '번호'를 두 번 말하게 되어 '개인 식별 번호 번호'라고 하게 되는 거지. 그냥 틀렸다고!

Mugger: Think you're f***ing clever? 네가 그렇게 똑똑하다고 생각해?

Ryle: Jesus, please…. 제발….

Mugger: Shut it, you posh twat. You pompous little prick. 닥쳐, 이 건방진 등신아. 이 거만한 새끼가.

Round the bend, off your head, bonkers

출처: 이상한 나라의 앨리스(Alice In Wonderland)(2010)

악몽을 꿔 잠들지 못하는 앨리스가 아빠와 대화하는 장면이다. 상상력이 풍부한 앨리스는 자신이 꿈에서 본 것들을 아빠에게 이야기하며 자신이 이상한 건지 아빠에게 묻는다. 이 짧은 대화에서만 '미친, 제정신이 아닌' 뜻의 다양한 표현이 네 번 나온다. Mad는 일반적으로 자주 쓰이고, round the bend(또는 around the bend), bonkers, off your head라는 표현도 등장한다.

Alice: Do you think I've gone round the bend? 아빠는 제가 미쳤다고 생각해요?

Dad: I'm afraid so. You're mad, bonkers, off your head. But I'll tell you a secret. All the best people are. 응 그런 것 같아. 미쳤고 제정신이 아니고

돌았어. 근데 비밀 하나 말해줄까. 모든 제일 멋진 사람들은 다 그래.

Naff

출처: 45년 후(45 Years)(2015)

45년을 함께 산 남편에게 배신감을 느낀 노년 여성의 감정을 섬세하면서도 절제된 모습으로 연기한 영국 배우 샬롯 램플링이 돋보이는 영화다. Naff는 '스타일, 취향, 품질 등이 부족한 또는 보잘 것 없는'이라는 의미로 쉽게 말하면 '촌스럽다'라는 뜻이다. 결혼 45주년 파티를 계획하며 첫 번째 춤을 출 때 어떤 음악을 고를지 정하며 케이트는 남편에게 자신의 취향이 별로냐고 묻는다.

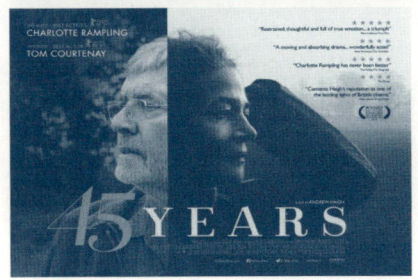

Kate: What do you think of that Platters song? 플래터스 노래는 어때?

Geoff: What for? 뭐 때문에?

Kate: First dance. Or think it's a bit naff to have the same song we had at our wedding? 첫 댄스. 아니면 우리 결혼식 때 틀었던 노래와 똑같은 곡을 트는 건 조금 촌스러운가?

Geoff: No, lovely song. 아니. 아름다운 곡이야.

Dodgy

출처: 러브 액츄얼리(Love Actually)(2003)

로맨틱 코미디 영화의 고전인 러브 액츄얼리는 사랑을 주제로 영국 곳곳에서 펼쳐지는 각기 다른 이야기가 옴니버스 식으로 펼쳐지는 영화다. 영화 도입부에 나오는 'Love actually is all around(사랑은 사실 어디에나 있다)'라는 문장은 사랑의 속성에 대해 다시 한 번 생각해보게 한다. 앞서 Dodgy는 '위험한, 이상한' 이라는 의미고 end는 끝부분을 가리킬 때 쓴다고 배웠었다. 총리와 비서 나탈리가 나누는 대화에서 dodgy end라는 말이 여러 번 등장하는데 한국어 자막으로는 '후진 동네'라고 번역되었다. 상황에 딱 맞는 번역이다.

PM: Where do you live, for instance? 예를 들어, 어디 살아요?
Natalie: Wandsworth. The dodgy end. 원즈워스요. 후진 동네죠.
PM: My sister lives in Wandsworth. So which exactly is the dodgy end? 제 여동생도 원즈워스에 살아요. 후진 곳은 정확히 어디죠?

4. 영국 음악에서 찾은 영국 영어

비틀즈, 스팅, 오아시스, 데이빗 보위, 퀸, 라디오 헤드, 핑크 플로이드, 블러, 콜드 플레이 등등 영국에는 이름만 말해도 황홀해지는 뮤지션들 천지다. 조금 더 젊은 세대의 뮤지션의 이름을 들어보면 에드 시런, 아델, 벤자민 클레멘타인, 두아 리파, 엘라 메이, 톰 미쉬, 제이콥 콜리어 등등 너무 많아서 다 옮길 수가 없을 정도다. 이런 뮤지션들의 존재는 같은 영어권이지만 내가 미국 말고 영국행을 택한 큰 이유이기도 하다. 이제 소개할 노래들은 액센트까지도 완벽한 영국식, 특히 코크니 액센트를 들을 수 있는 노래들이다. 굳이 꼭 영국 슬랭이 아니더라도 실용적인 표현들이 나와 있는 노래 또는 영국이나 런던을 느낄 수 있는 가사나 뮤직비디오가 있는 노래를 골랐다. 지면상 가사 전체를 담을 수 없어 알아두면 좋은 표현들이 포함된 문장만 가져왔다. 노래로 배우는 영어의 효과는 놀랍다. 나는 알파벳도 잘 모르던 중학생 때 브리트니 스피어스와 머라이어 캐리의 CD 가사지가 너덜너덜해질 때까지 한글로 받아 적어가며 가사를 모두 외웠다. 가사는 한글로 옮겨 적었지만 발음과 리듬은 노래를 그대로 따라 불러 아직까지도 기억하고 있다. 가사를 흥얼흥얼 따라 부를 수 있을 때까지 꼭 반복해서 가사와 멜로디를 익히기 바란다.

릴리 알렌(Lily Allen) - LDN

릴리 알렌은 솔직한 가사와 독창적인 음악스타일로 2000년대 엄청난 센세이션을 불러일으켰던 뮤지션이다. 아이를 낳고 은퇴의사를 밝혔다가 복귀해 2014년 음반을 발표했다.

I wonder what goes on behind doors (문 뒤에서 무슨 일이 일어나고 있는지 궁금해)
I wonder는 궁금하다는 의미로 일상에서 정말 많이 쓰는 꼭 알아야 하는 표현이다. 주로 what, who, where 등 관계대명사 또는 if가 뒤따르며 I was wondering~와 같이 과거진행형으로도 많이 쓴다.

◇ I wonder why he went there (그가 거기에 왜 갔는지 궁금하네).

She was struggling with bags from Tesco (그녀는 테스코 쇼핑백을 들고 고전하고 있었다)
Struggle은 분투하고 고생한다는 뜻이 있는데 문장에서 쓸 때에는 주로 앞에 be동사, 뒤에 전치사 with와 함께 쓴다. Tesco는 영국의 유명 슈퍼마켓 체인으로 우리나라의 홈플러스 정도라고 생각하면 된다.

◇ I've been struggling with my life lately (최근 삶이 좀 힘들었어요).

When a kid came along to offer a hand (한 아이가 다가와 도움의 손길을 내밀었을 때)
Offer는 제공한다는 말이다. '손을 제공하다', 즉 돕는 손길을 내민다는 말이다. Give a hand도 쓸 수 있다.

◇ He offered me a hand but I refused (그가 도움의 손길을 내밀었지만 나는 거절했다).

킹 크룰(King Krule) - Rock Bottom

런던의 서더크(Southwark) 지역 출신으로 전형적인 코크니 액센트를 들을 수 있다. 노래에 시적인 가사가 많아서 이해하기 어려울 수도 있지만 진짜 영국발음을 듣고 싶을 때 추천하는 뮤지션이다.

> **I've hit rock bottom** (나는 바닥을 쳤다)
> 직역하면 바위의 아랫부분을 쳤다는 말로 갈 때까지 가서 최악의 상황에 다다랐다는 뜻이다.
>
> ◇ Prices hit rock bottom (물가가 바닥을 쳤다).
>
> **Cause I was in doubt** (나는 의심하고 있었다)
> Doubt는 '의심'이라는 명사로 '의심하다'라고 쓰려면 Be동사 + 전치사 in과 함께 쓰면 된다.
>
> ◇ Everyone must be in doubt (다들 의심하고 있을 테다).

블러(Blur) - For Tomorrow

브릿팝의 화신이라고 할 수 있는 블러는 1988년 런던에서 결성된 록밴드다. 처음엔 프론트맨 데이먼 알반의 빛나는 외모 때문에 노래에 집중이 안 될 수도 있다. 데이먼 알반은 고릴라즈라는 그룹과 솔로로도 여전히 활발히 활동 중이다. For tomorrow의 뮤직비디오는 90년대 런던을 감상하기에 완벽하다.

> **He's hanging on for dear life** (그는 죽을힘을 다하고 있다)
> 노래 전체에서 반복적으로 나오는 holding on for tomorrow의 hold on for와 비슷한 의미로 필사적으로 매달린다는 말이다.

◇ We have been hanging on for so long (우리는 정말 오래 버텨왔다).

But we're lost on the Westway (Westway에서 길을 잃었다)
Lose의 과거분사형인 lost는 여러 의미를 갖고 있지만 be동사와 함께 쓰일 경우 길을 잃었다는 뜻이다.

◇ I was late because I was lost (길을 잃어서 늦었다).

에이미 와인하우스(Amy Winehouse) - Rehab

2011년, 27세의 나이로 요절한 음악 천재 에이미 와인하우스는 지금 들어도 여전히 독보적인 음색과 스타일을 가진 아티스트인데 요즘 세대는 많이 모를 것 같아 참 아쉽다. 2006년에 발매된 곡 Rehab은 재활원이라는 뜻의 Rehabilitation을 줄인 말로 알콜과 약물 남용으로 많은 이들의 걱정을 불러일으키던 시절 재활원에 가라고 하는 사람들에게 가지 않겠다고 선언하는 노래다.

I'd rather be at home with Ray (차라리 레이와 집에 있을래. 문맥으로 보아 뮤지션 레이 찰스를 말하는듯하다)
I'd rather는 '차라리 ~하겠다'라는 뜻으로 아주 유용하게 쓸 수 있는 표현이다.

◇ I'd rather starve than eat that (저걸 먹느니 차라리 굶겠어).

And have everyone think I'm on the mend (사람들이 내가 치료되고 있다고 생각하게 만들지 않겠어)
Mend는 동사로 쓸 경우 '수리하다, 고치다'라는 뜻이고 be on the mend처럼 쓸 때에는 병에서 치료되고 회복한다는 말이다.

◇ The baby has been ill but is on the mend now (그동안 아기가 아팠는데 회복하고 있다).

자미로콰이(Jamiroquai) - Runaway

대학생 때 처음 자미로콰이의 음악을 듣고 받았던 충격이 여전히 생생하다. 20여 년이 지난 지금도 트렌디하게 들리는 음악과 제이케이의 목소리는 자미로콰이를 영국을 대표하는 뮤지션으로 만들기에 충분하다. Runaway의 뮤직비디오는 피카딜리 서커스 역에서 메인보컬 제이케이가 우주복을 입고 나오는 장면으로 시작한다. 일상에서 도망가고 싶은 마음을 담은 노래라 많은 이들이 공감할 수 있다.

Got a one way ticket (편도 티켓을 샀다)
기차나 비행기 표를 살 때 편도 또는 왕복을 사는데 이때 편도는 one way, 왕복은 return이다.

◇ Can I have a one way ticket to Paris please? (파리로 가는 편도 티켓 하나 주시겠어요?)

Got to make it to the other side (반대편으로 가야해)
Make는 뒤에 어떤 전치사가 붙느냐에 따라 다양하게 변화한다. Make up with는 누군가와 화해하다, make it up to는 보상하고 갚는다는 의미가 있다. 여기에서 up이 빠지고 make it to가 되면 '가다'는 뜻이 된다. Go와 동일하다고 생각할 수 있는데 단순히 간다는 의미를 가진 go와는 달리 어떤 장소나 지점에 '도달한다'는 의미가 더 강하다.

◇ I'm sorry I couldn't make it to your birthday party (네 생일파티 못 가서 미안해).

Get them off my back today (오늘 모두가 날 좀 내버려두게 하고 싶어)
전치사 off는 한 면에서 떨어지는 것을 말할 때 쓰는데 의역하면 잔소리 좀 그만하고 나 좀 내버려두라는 말이다.

◇ Now that I'm financially independent, my mum's off my back (경제적으로 독립하고 나니 엄마가 잔소리를 안 한다).

톰 미쉬(Tom Misch) - Movie

현재 영국에서 매우 인기 있는 뮤지션으로 큰 키와 훤칠한 외모 못지않게 음악성도 아주 뛰어나 MZ세대가 좋아할 조건을 다 갖추고 있다. 작곡, 작사, 노래, 기타 연주까지 혼자 완벽하게 소화한다.

Did my letters find their way (내 편지가 잘 도착했으려나)?
원래 find one's way는 길을 찾아가다는 말인데 편지가 주어이므로 의역하면 목적지에 잘 도착했다는 말이 된다.

◇ Don't worry, I'll find my way there (걱정 마, 잘 찾아갈게).

You and me, what could've been (너와 나, 어떻게 될 수 있었을까)
Could have의 구어식 표현으로 그렇게 되지 않았지만 될 수도 있었던 상황을 말할 때 쓴다.

◇ It could've been a complete failure (완전히 망할 수도 있었다).

핑크 플로이드(Pink Floyd) - Time

핑크 플로이드는 후대 뮤지션뿐 아니라 전반적인 음악 역사에 큰 획을 그은 이론의 여지없이 세계 최고의 밴드이다. The Dark Side of the Moon은 기네스북에도 등재될 정도로 최장기간 빌보드 차트를 지켰다.

'We don't need no education'이라는 가사로 유명한 곡 'Another Brick in the Wall'처럼 핑크 플로이드 노래에는 사회 비판적인 내용이 거침없이 드러난다.

Fritter and waste the hours in an offhand way (아무렇게나 시간을 낭비한다)
Fritter와 waste는 둘 다 허비하고 낭비한다는 뜻의 동사다. Offhand는 준비 없이 대충하거나 무뚝뚝한 태도를 말한다.

◇ His offhand manner disturbed us (그의 무뚝뚝한 태도가 거슬렸다).

And you run to catch up with the sun but it's sinking (넌 태양을 따라 잡으려 달리지만 하지만 태양은 가라앉고 있어)
Catch up with는 물리적으로 무언가를 따라 잡을 때도 쓰고 오랜만에 만나서 못다 한 얘기를 쏟아놓을 때에도 쓴다.

◇ We should catch up soon (우리 빨리 만나서 근황 나눠야해)!

PART 2.

영국에서 만난 진짜 영국과 영어

A Room of One's Own with a View

영국에서 머무는 동안 태어나서 처음으로 전망 있는 방을 가져보았다. 런던 뉴 크로스에서 약 4개월간의 기숙사 생활을 하다가 런던 북쪽에 위치한 스위스 코티지(Swiss Cottage)의 플랫을 플랫메이트들과 셰어해서 살았을 때였다. 한국인들이 워낙 많이 살던 곳이라 로비에서부터 김치찌개 냄새가 솔솔 풍겼고 초기에는 거부감이 들기도 했다. 하지만 온전한 내 방을 가져본 것은 처음이었고 게다가 창이 큰 방이라 운치가 있었다.

그곳은 지은 지 50년이 넘은 방 세 개와 화장실 두 개가 있는 플랫이었다. 그러다보니 리셉션룸을 개조한 내 방에는 시멘트로 덮혀 흔적만 남은 벽난로와 녹이 슨 격자창이 있었다. 나는 이 오래된 창문을 유독 좋아했는데 마치 프랑스 영화 속 주인공의 집 같은 느낌이 들어서였다. 고전적인 창 뒤로 보이는 현대식 건물들과의 부조화가 한층 묘한 분위기를 자아냈다.

버지니아 울프는 『자기만의 방』에서 '여자가 소설을 쓰려면 자기만의 방과 돈이 있어야 한다(A woman must have money and a room of her own if she is to write fiction).'고 했다. 나는 이 말에 전적으로 동감한다. 돈은 없었지만 나만의 방에서 1년의 시간을 보내며 스스로 많이 발전했으니 말이다.

그 방의 전망이 아주 훌륭하다고 할 수는 없었으나 방범창도, 바로 앞을 가로막는 건물도 없이 멀리까지 내다볼 수 있었다. 그래서 아무리 춥거나 심지어 눈이 와도 창문을 열고 밖을 보며 차를 마시는 것은 내가 빼놓지 않는 일과 중 하나였다. E. M. 포스터의 소설 『전망 좋은 방』에서 플로렌스로 여행을 간 루시가 시원하게 펼쳐진 아르노 광장을 내려다보는 전망 좋은 방에 머물면서 정신적, 육체적인 해방감을 경험한 것처럼, 나 역시도 창밖으로 펼쳐진 아들레이드 로드를 바라보며 런던이라는 도시가 선사하는 해방감과 자유를 맛보았다.

이후 한국으로 돌아와 종종 런던의 전망 좋은 방을 떠올렸다. 방음과 단열이라는 주어진 역할을 충실히 수행하는, 한 치의 틈도 없이 완벽하게 바깥세상과 단철시키는 내 방 이중창 뒤에서 말이다.

Oh, I love London society!
It is entirely composed now of beautiful idiots and brilliant lunatics.
Just what society should be.
— Oscar Wilde, 『An Ideal Husband』, 1895

오, 저는 런던 사회를 사랑해요!
런던은 지금 전적으로 아름다운 멍청이들과
찬란한 미치광이들로 이루어져 있어요.
사회란 그래야 하죠.
— 오스카 와일드, 『이상적인 남편』, 1895

CHAPTER 4.

영국에는 수많은
영국 영어가 있다

1. 영국 영어가 하나가 아닌 이유

영국에 살아보니 예상보다 영어를 알아듣기가 어려웠다. 영국 영어는 기존에 알고 있는 영어와 완전히 다른 말처럼 들리기까지 했다. 그래서 초심으로 돌아가 영국 영어를 더 깊이 공부하고 경험하면서 영국 영어가 사실은 하나가 아니라는 놀라운 사실을 알게 되었다. 하나를 익히기도 어려운데 숨겨진 게 더 있다니. 영국 영어 공부에 위기가 찾아온 것이다.

영어 공부를 꾸준히 하면 언젠가는 귀가 뚫리는 경험을 한다. 귀 근처에서 튕겨나가던 영어 단어들이 고막 안으로 자연스럽게 흘러 들어와 자동으로 해석이 되기 시작한다. 이 상태가 몇 년간 지속되다가 갑자기 내 귀가 영어단어들을 다 물리쳐 버리는 것 같은 순간이 다시 온다. 나는 영국에서 모두 다른 액센트로 말하는 사람들을 만나며 이 두 번째 순간이 찾아왔다. 분명 상대방은 영어로 말하고 있는데 하나도 들리지 않았다. 이 상황에 직면하면 일단 본인의 리스닝 실력을 탓하게 되는데 다행히도 영국 영어를 공부하는 외국인만이 이런 혼란을 느끼는 것은 아니었다.

영어를 쓰는 원어민들, 심지어 영국인까지 자신들의 다양한 방언에 고충을 토로한다. 영국 코미디 프로그램을 보면 영국인이 개성 강한 자신들의 액센트를 희화화하는 장면들이 종종 등장한다. 미국 SNL에서도 'Don' You Go Rounin' Roun to Re Ro'와 'British Analysis' 같은 에피소드에서 알아듣기 어려운 영국 방언을 패러디했고 지미 팰론 쇼에서는 'Downton Sixbey'에서 계급별로 쓰는 다른 방언들로 인해 생기는 해프닝을 재치 있게 그렸다. 그렇게 영어를 모국어로 쓰는 사람들조차 알아듣기 힘든 것이 바로 영국의 방언이다.

또한 런던은 멜팅팟(melting pot)이라 불릴 정도로 다양한 인종이 살고 있기에, 각각의 독특한 액센트에 어느 정도 적응이 되어야 여러 사람들과 무리 없이 대화를 할 수 있다. 어디에선가 영국인에게 영국 액센트(British accent)라는 말을 쓰면 불쾌해한다는 글을 본 적이 있다. 꽤 일리가 있는데 그 이유는 영국 액센트란 사실상 하나로 규정할 수 없기 때문이다. 대영제국(The United Kingdom)이라는 작은 땅덩어리에 분포한 방언만 해도 30여 가지에 이르니 말이다.

이런 이유로 배우인 베네딕트 컴버배치나 엠마 왓슨 같은 발음을 기대하고 영국 드라마나 영화를 봤다가는 기대했던 바와 너무 달라서 어리둥절해하거나 심지어 실망할 수도 있다. 나 역시 영국 영어에 대한 환상으로 영국 미디어를 보기 시작했을 무렵에는 특색이 강한 온갖 액센트 때문에 많이 혼란스러웠다. 영국의 유명 드라마 「다운튼 애비」가 대표적인 사례다. 상류층과 하류층이 함께 살아가는 한 저택 안에서조차 얼마나 많은 방언이 존재하는지 모른다. 또한 큰 성공을 거둔 미국 HBO의 드라마 「왕좌의 게임(Game of Thrones)」은 영국 방언과 관련해 재미있는 논쟁을 일으키기도 했다. 드라마상 한 가족(The Starks)의 일원인 네 사람이 모두 다른 영국 방언을 쓴 것이다. 미국인은 알아차리지 못했지만 영국인의 귀엔 제각각인 액센트로 들렸기에 조소와 비난의 대상이 되기 충분했다.

영국인은 서로의 말을 이해하기가 어려워 전화 통화를 별로 좋아하지 않는다는 우스갯소리가 있다. 기업의 고객센터로 전화를 걸면 영국의 각 지역별 방언부터 인도, 프랑스, 폴란드, 터키 등 여러 나라 사람들의 다양한 영어를 들을 수 있다. 이 종잡을 수 없는 발음들은 수화기를 붙잡은 채 벙어리가 되게 하는 능력이 있다. 그래서인지 실제 영국에서는 아직도 편지가 주된 통신 수단이다.

우리나라 사람들은 서울에 오면 서울말을 배운다. 그리고 고향에 내려가거나 고향친구들을 만나면 사투리를 쓴다. 누가 어느 지역에서 왔는지 말투로 거의 파악할 수 없다.

하지만 영국인은 특정한 경우가 아닌 이상 출신지 특유의 방언을 고수하고 소중히 여기며 자랑스러워한다. 그래서 유튜브에 영국 지역별 방언들을 소개하는 영상이 올라오면 각 방언을 방어하고 옹호하는 댓글들이 달린다. 재미있게도 같은 지역 사람끼리도 서로 이게 맞네 저게 맞네 하며 설전을 벌인다. 그만큼 지역의 고유 액센트에 긍지를 갖고 있는 이들이 아주 많다는 사실을 알 수 있다.

2008년 BBC 사장(director general)이었던 마크 톰슨은 방송에서의 방언 사용을 촉진하기 시작했고 그때부터 더욱 다양한 방언이 방송을 통해 소개됐다. 우리나라 공영방송 뉴스에서 부산, 제주, 강원 등의 다양한 방언으로 뉴스를 전하는 식이다. 이제 영국 방송에서는 방언을 쓰는 사람일수록 시청자와 청취자가 친근하게 느껴서 인기가 많다고 한다.

앞서 '영국 표준 영어'라는 표현을 몇 번 사용했지만 사실 그 기준은 모호하다. 영국인의 특성과 문화를 분석한 책 『영국인 재발견』에는 '분명 표준 영어는 있다. 학교에서 배우고 공문서에 사용되는, 쓰고 읽기 위한 표준 영어는 있다. 그런데 표준 발음은 없다'라는 대목이 있다. 이는 영국의 실제 모습이다. 더욱이 방언 쓰는 것이 대세라고까지 여긴다고 한다. 정치인이 서민의 눈높이에 맞춘다며 일부러 서민적인 방언을 흉내 내려다가 오히려 웃음거리가 된 경우도 있었다고 한다.

사실 우리가 표준 영어라고 하는 영어도 시간이 지남에 따라 그 가치가 달라진다. 영문학자 C.S. 루이스는 이런 말을 남겼다. '좋은 영어는 교육받은 이들이 말하는 영어다. 그렇기 때문에 한 장소나 시대에는 좋은 영어가 다른 곳에서는 그렇지 않을 수 있다(Good English is whatever educated people talk; so that what is good in one place or time would not be so in another).' 영어가 쓰이는 장소나 시대적 배경, 문화 등이 '좋은 영어'의 지표가 될 순 있지만 그 '좋은 영어'는 때에 따라 유동적이라는 것이다.

2. 영국의 대표적 지역 방언

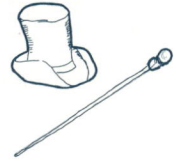

An Englishman's way of speaking absolutely classifies him,
The moment he talks he makes some other Englishman despise him.
—「My Fair Lady」, 1964

영국인의 말투는 그를 완벽하게 분류하지.
말하는 순간 다른 영국인이 자신을 멸시하게 만든다네.
— 영화「마이 페어 레이디」, 1964

영화「마이 페어 레이디」에서 음성학자 히긴스가 노동 계급의 액센트를 쓰는 일라이자를 겨냥해 부르는 노래다. 이 영화는 영국에서 상류층과 하류층이 각각의 액센트를 통해 구분되는 모습을 극단적으로 보여준다.

우리나라와 달리, 영국에는 아직도 보이지 않는 계급이 존재하고 독특하게도 그 계급을 영어 액센트로 구분할 수 있다. 이는 우리나라의 표준어와 방언의 관계와는 전혀 다른 구분이며, 영국의 미디어를 자세히 들여다보면 서서히 차이가 느껴진다.

『영국인 발견』에서는 영국인의 언어와 계급에 대한 관계를 이렇게 설명하고 있다.

이로써 영국인의 중요한 특성을 알 수 있다. 언어에 대한 사랑, 바로 그것이다. 자주 인용되는 말이지만 영국 문화는 언어 중심 문화이지 시각 중심 문화는 아니다. (중략) 말은 우리들이 가장 선호하는 전달 매체다. 그래서 이 언어라는 매체가, 우리들이 사회적 신분을 표시하고 알아채는 가장 중요한 방법이라는 게 의미 있는 점일 것이다.

한번은 영국에서 친구들과 신년 파티를 하던 중 각자 새해의 다짐을 나눴다. 그중 스코티쉬 친구가 "내 새해 다짐은 t를 꼭 발음하는 거야."라고 말했다. 자기도 모르게 자꾸 코크니 액센트가 나와서 t를 발음하지 않는데 그 버릇을 고쳐보겠다는 것이었다. 당시엔 무슨 말인지 잘 몰랐지만 영국 영어에 익숙해진 지금은 그 친구의 말뜻이 충분히 이해가 된다.

뒤에서 더 자세히 설명하겠지만 액센트별로 간단히 특징을 말하자면 런던 방언인 코크니 액센트는 발음을 정확하게 하는 정통 영국 영어인 RP[1]에 비해 조금 얼버무리듯이 말한다고 할 수 있다. 밖으로 나가는 소리가 아닌 안으로 먹는 소리가 난다. 그래서 더 알아듣기 어렵다. RP는 말할 때 신경이 많이 쓰이고 입술에 힘이 들어간다. 영국인의 상징인 stiff upper lip[2]이 저절로 된다. 이에 비해 코크니 억양은 '하고 싶은 발음만 하는구나'라는 생각이 들 정도로 발음이나 형식이 훨씬 더 자유롭다. 그만큼 RP보다 세련되고 교양 있는 느낌이 덜하다. 요즘엔 영어 액센트로 그 사람의 신분이나 위치를 가늠하는 것이 쉽지 않지만 여전히 높은 수준의 교육을 받은 상류층들은 RP, 즉 Posh English를 고집한다.

그런데 요즘 영국에서 떠오르는 밀리 바비 브라운이나 플로렌스 퓨 같은 젊은 배우들의 발음을 들어보면 RP나 코크니가 거의 들리지 않는다. 2023년 재미있는 기사를 보았는데 King's English(이제 찰스 3세가 왕이 되었으니 Queen's English에서 명칭이 바뀌었다)와 코크니가 젊은 세대들 사이에서 새로운 세 가지 액센트로 대체되었다는 기사였다. SSB(Standard Southern British), Estuary, Multicultural London English가 그 세 가지 액센트인데 Multicultural London English는 명칭에서 알 수 있듯이 영국으로 이주한 외국인, 특히 흑인들이 많이 쓰는 액센트다. 한 연구에서 18세부터 33세 그룹의 목소리를 분석한 결과 더 이상 과장된 RP

---

1 Received Pronunciation의 약칭.
2 어떤 고난에도 굴하지 않고 맞선다는 뜻이다. 두려우면 윗입술이 떨리기 마련이므로 꼿꼿한 입술을 유지해야 한다는 말이다.

나 코크니를 쓰지 않는다는 결과가 나왔다고 한다. 우리나라 표준어 액센트가 계속 바뀐다는 건 상상도 되지 않는데 참 특이한 현상이다.

어쨌거나 영국 영어의 특징이 이러하니 표준 영어 외에도 다양한 방언을 열린 마음으로 대하는 것이 좋겠다. 그럼 이제부터 영국 영어를 공부하는 입장에서 알아두어야 할 영국의 대표적인 방언(British Regional Accents) 몇 가지를 알아보자. 글로만 읽어서는 각기 다른 방언의 매력을 제대로 알 수 없으니 꼭 관련한 영상자료를 찾아보길 바란다.

■ 표준 영어(Received Pronunciation)

흔히 생각하는 바로 그 영국 액센트다. 공식적인 명칭은 Received Pronunciation으로, 약칭해서 RP라고 한다. BBC English라거나 Posh English, Oxford English, 왕실 영어라고도 한다. Queen's English라는 명칭 또한 빼놓을 수 없다. 이렇게 여러 가지 닉네임으로 불리는 만큼 가장 많이 알려져 있고 외국인의 귀에도 가장 익숙하지만, 아이러니하게도 영국에서는 통계적으로 단 3퍼센트의 영국인만, 특히 런던에서 이 액센트를 쓴다. 그럼에도 불구하고 RP를 영국 영어의 전형이라고 하는 이유는 그 3퍼센트가 영향력 있는 직위에 있거나 언론계 쪽에 종사하기 때문이다. 그런 연유로 Received(일반적으로 인정되는) Pronunciation(발음)이라고 불리는 건지도 모르겠다.

좋은 학교에서 교육을 잘 받은 사람들이 주로 RP를 쓰는데 주변 사람들이나 환경의 영향으로 사용하기도 한다. 그래서 더더욱 비슷한 사회에 속한 사람들끼리 쓰는 경향이 있다. Posh English라고 불리는 이유 역시 상류층이 쓰는 액센트여서다. 최근엔 상류층이라고 해도 모두 이 액센트를 쓰지는 않는다. 영국왕실 및 사립학교 등에서는 아직 RP를 고수하지만 윌리엄과 해리 왕자도 부모 세대와는 다른, 더 대중적인 액센트를 쓴다. 한 가지 확실한 사실은 이튼과 옥스퍼드, 캠브리지 출신의 사람들은 모두 RP를 쓴다는 것이다. 이튼 출신 배우인 에디 레드메인, 톰 히들스턴, 휴 로리, 옥스퍼드를 나온 휴 그랜트, 캠브리지의 레이첼 와이즈, 틸다 스윈튼 등, 이들은 완벽한 BBC 영어를 보여준다. 가끔 코미디 프로그램에서 허영심 가득한 액센트라고 비꼬지만 가장 명확하고 알아듣기 쉬운 액센트이므로 스탠더드 영국식 영어를 배우려면 RP를 공부하고 연습할 것을 추천한다.

RP의 특징은 다른 액센트에 비해 t 발음이 강하며, 전반적으로 t, s, z와 같은 치찰음(sibilant) 역시 강하다는 점이다. 그래서 다소 딱딱하게 들릴 수 있으나 또박또박한 발음 덕분에 내용 전달이 잘되고 전문적이고 지적으로 들린다. RP를 듣고 배우고 싶다면 영국 왕실 관련 영화와 드라마, 007 시리즈, 제인 오스틴 관련한 고전물, 언론계나 정치계를 다룬 작품을 추천한다.

시대극을 보면 상류층과 하류층 간 액센트의 차이점을 단번에 알 수 있다. 저택의 주인들은 아주 고급스러운 액센트를 쓰고 하인들은 코크니 또는 지방 액센트를 쓴다. 영국의 유명한 고전 드라마 「업스테어스 다운스테어스(Upstairs Downstairs)」를 보면, 위층(upstairs)에 사는 상류층은 RP를 쓰고 지하층(downstairs)에 사는 하인들은 각기 다른 방언을 쓴다. 하인들 중에서도 집사(butler)와 같이 높은 직급에 있는 사람들은 예외로 대부분 RP를 구사한다.

■ 코크니(Cockney)

원래 런더너들이, 특히 노동 계급이 사용하던 전형적인 방언이다. 런던 동부 칩사이드(cheapside)의 역사적인 성당인 세인트 메리르보(St Mary-le-bow)에서 울리는 종소리가 들리는 반경에서 태어난 런던 토박이들이 사용한 방언에서 유래했다. 에식스(Essex), 서리(Surrey) 지역에서도 비슷한 액센트가 나타난다. 코크니 액센트를 처음 들으면 생소하지만 계속 듣다 보면 정감이 가고 아주 매력적이다.

코크니 액센트의 가장 큰 특징은 성문 폐쇄음(glottal stop)을 사용한다는 점이다. 성문 폐쇄음은 성대 사이의 성문이 일시적으로 닫히면서 나타나는 현상으로 t를 발음할 때 가장 두드러지게 나타난다. Water를 우리가 일반적으로 발음하는 '워터'가 아닌 '워어'와 같이 발음한다. T를 완전히 생략하고 그 발음 대신 성문이 닫히며 특유의 막힌 소리가 만들어진다. Little, better, city, Britain 등의 단어에서 도 마찬가지다. 또한 h를 거의 발음하지 않는데 영국 노동계급이나 하류층의 이야기를 다룬 드라마나 영화에서 확인할 수 있다. 예를 들어 'Have you seen him?' 라고 말할 때 h를 모두 누락해서 'Ave you seen 'im?'로 발음한다. Th를 f 또는 v로 발음하는 것 역시 코크니의 특징 중 하나다. Either가 eiver, together가 togever, nothing이 nufing으로 발음되기도 한다. 그리고 모음 ai는 oi로 발음되는데 night를 noight, alright을 alroight으로 비음을 써 모음을 강조한다.

  코크니 액센트를 듣고 싶다면 영화 「킹스맨」 시리즈에서 주인공 에그시의 말에 주목하자. 그와 정반대로 아주 신사적인 영어를 쓰는 해리의 액센트와 비교해보는 것도 이 영화의 또 다른 재미다. 영화 「마이 페어 레이디」 역시 RP와 코크니를 비교하기에 완벽하다. 일라이자 역할을 맡은 오드리 헵번의 코크니 액센트가 과장되었다는 말이 있지만 과장했기 때문에 더욱 명확히 들을 수 있다. 영국 배우 마이클 케인도 코크니를 쓰는 대표적인 인물인데 어떤 역할을 맡아도 코크니 액센트를 고수해서 코크니를 공부할 때 훌륭한 모델이 된다.

□ 코크니 라이밍 슬랭(Cockney Rhyming Slangs)

코크니 액센트에 대해 공부하다 보면 코크니 라이밍 슬랭을 반드시 접하게 된다. 거의 암호처럼 들리는 슬랭으로 빅토리안 시대의 런던 동부에서 기원했다. 시장에서 상인들이 고객들이 알아듣지 못하도록 자기들만의 암호 같은 언어를 만들었다거나, 범죄자들이 경찰을 교란시키기 위해 고안했다는 설도 있다.

  코크니 라이밍 슬랭은 명칭 그대로 운(rhyme)이 맞는 단어가 원래 단어를 대체한다. 그렇기 때문에 슬랭의 뜻을 알고 외우지 않는 이상 어떤 말인지 알 수 없다. 구조를 살펴보면, 먼저 말하고자 하는 단어와 비슷한 두세 단어가 한 문장을 구성한다. 특히 마지막 문장이 말하고자 하는 단어와 운을 이루는 것이 중요하다. 그런 뒤 그 문장에서 원하는 뜻을 나타내는 앞 단어를 생략하면 일종의 암호 같은 것이 만들어진다. 예를 들어 head와 운을 맞추기 위해 bread라는 단어가 들어간 loaf of bread를 쓴다. 그리고 bread를 빼고 loaf만 사용한다. 그렇게 해서 'Use your loaf you idiot(머리를 써. 멍청아)!'라는 문장을 만들어낸다. 운을 맞춘 단어들을 그대로 쓰기도 하지만 생략하는 경우가 대부분이라 이를 듣는 이는 아리송할 수밖에 없다.

원래 뜻	운이 맞는 단어	예문
believe	Adam and Eve	I don't Adam and Eve it. 난 그거 안 믿어.
stairs	apples and pears	Go up the apples right now. 계단으로 당장 올라가세요.
queen	baked bean	
money	bees and honey	Would you lend me some bees please? 돈 좀 빌려줄래?
daughter	bricks and mortar	
dead	brown bread	
to have a look	butcher's hook	Let me have a butchers. 어디 좀 보자.
mate	China plate	
telly(TV)	custard and jelly	
phone	dog and bone	Hold on, I'm on the dog and bone. 기다려봐. 나 지금 통화 중이야.
drunk	elephant's trunk	
teeth	hampstead heath	I've got pain in my hampsteads. 이에 통증이 있어요.
fiver	Lady Godiva	It only costs Lady Godiva. 5파운드밖에 안 해요.
eyes	mince pies	You've got such beautiful minces. 정말 아름다운 눈을 가졌네요.
talk	rabbit and pork	What are you rabbiting about? 무슨 소릴 하는 거니?
turd	Richard the third	
tea	Rosy Lee	
wrong	Pete Tong	It's all gone a bit Pete Tong. 모든 게 조금 잘못됐어요.
lies	porky pies	
girl	twist and twirl	

■ 에스추어리(Estuary)

계급의 차이가 많이 사라진 지금 아마 영국에서 가장 많이 사용하는 액센트가 아닐까 싶다. 이제는 RP를 쓴다고 해서 모두 상위 교육을 받은 지식인이나 상류층이 아니고 코크니를 쓴다고 해서 모두 노동 계급이거나 하류층이 아니다. Estuary English는 템스강 근처와 어귀(estuary)에서 사용된다고 해서 1984년 이와 같은 이름이 붙여졌다. 이 액센트는 간단히 말해서 RP와 코크니가 혼합된 말로, 코크니보다는 RP 쪽에 더 가깝다. 그렇다고 RP의 특성들을 엄격하게 지키진 않지만 그래도 RP의 특성이 있는 캐주얼한 액센트다.

딱딱한 RP는 부담되고 그렇다고 영국 토박이만 쓸 것 같은 코크니는 꺼려진다면 Estuary English가 접근하기 좋은 액센트다. 이 액센트를 쓰는 사람으로는 영국의 코미디언이자 쇼 진행자인 제임스 코든이 있다. 그는 쇼를 진행할 때 적절하게 굴러가듯 편안한 어투로 말한다. 영국의 유명 요리사인 제이미 올리버도 비슷한 액센트를 쓴다.

■ 버밍엄(Birmingham) · 브러미(Brummie)

차를 타고 리버풀로 가는 길에 버밍엄을 지나간 적이 있다. 그곳은 공장과 연기들로 가득한 회색빛 그 자체였다. 마침 공장 지대를 지나던 중이라 그런지 18세기 산업혁명이 일어났던 도시라는 사실과 드라마 「피키 블라인더스」에서 봤던 버밍엄의 모습이 떠올랐다. 버밍엄을 배경으로 이야기가 펼쳐지는 이 드라마에서는 배우들이 이 지역 액센트로 연기하는데 실제 버밍엄 사람들도 배우들의 액센트가 훌륭하다는 평이다. 얼마 전 일간지 「더 선(The Sun)」에 재미있는 기사가 게재됐다. '영국인들이 드디어 버밍엄 액센트가 섹시하다고 생각한다. 그리고 이 모든 것은 「피키 블라인더스」 때문이다.'라며 드라마와 함께 버밍엄 방언까지 덩달아 인기가 많아진 현상을 조명했다. 나 역시도 「피키 블라인더스」와 함께 버밍엄 액센트에 푹 빠졌다.

■ 북부 잉글랜드(Northern England)

잉글랜드의 북쪽 지역에는 고유의 아주 독특한 방언이 있다. 이 방언의 가장 큰 특징은 발음 [ʌ]의 변화다. 원래는 ㅓ 또는 ㅕ 정도로 발음되는 이 모음이 북쪽에서는 ㅗ와 가깝게 발음된다. 그렇다고 완전한 ㅗ는 아닌 프랑스어 oui를 발음할 때와 비슷한 모양으로 입술을 오므리면서 발음한다. 두 번째 특징은 한국어의 ㅇ 받침의 소리인 ng가 ing와 이어질 때 g가 두드러지게 발음된다는 것이다. 예를 들어 singing을 일반적으로는 '싱잉'이라고 발음하지만 북쪽 지역에서는 '싱깅'으로 발음한다. 또한 -ng로 끝나는 단어에서 ㅇ 받침으로 소리가 나는 ng를 wastin', walkin'처럼 n까지만 발음한다.

My를 me라고 하는 것도 아주 흔한 특징이다. 'Let me check on me car(차 좀 확인하고 올게).', 'I've done it meself(제가 혼자 했어요).'와 같이 소유격 my를 me로 대체한다. 한편 코크니와 공통점도 많은데 성문 폐쇄음과 th가 v 또는 f로 발음되는 것, h의 누락 등이 있다.

이제 북부 잉글랜드의 대표적인 도시 맨체스터, 리버풀, 뉴캐슬의 방언을 간략하게 살펴보자.

☐ 맨체스터(Manchester) · 맨큐니언(Mancunian)

맨체스터의 지역 방언은 그 지역에 대한 자부심과 더불어 자신들만의 액센트 역시 강하다. 비음을 많이 사용하고 모음을 강조해서 발음하기도 한다. 맨체스터 슬랭으로는 mint(훌륭한), dead(아주), gaggin(목마른) 등이 있다. 록 밴드 오아시스의 전 멤버 리암 갤러거가 이 액센트를 사용하는 대표적 인물로 그의 인터뷰를 보면 바로 특징을 알 수 있는데 남자답고 무뚝뚝한 느낌이다. 또한 맨체스터를 배경으로 한 코미디「셰임리스(Shameless)」는 자막이 없으면 도저히 알아듣기 어려울 정도로 독특한 맨체스터 방언을 그대로 보여준다.

□ 리버풀(Liverpool) · 스카우스(Scouse)

우리나라의 방언과 비교하자면 무뚝뚝하고 자유분방한 느낌의 부산 사투리와 비슷하다. 리버풀 역시 본인들 방언에 자부심이 아주 크다. 특징으로는 문장의 말미를 위로 올리고 말할 때 음정 변화의 폭이 크다.

런던과 리버풀은 기차로 2시간 반 정도 걸리는 거리라 런던에서 유학생활을 한다 하더라도 보통은 가볼 기회가 거의 없다. 그런데 나는 런던에 간지 얼마 안 되었을 때 1박2일로 리버풀에 다녀올 일이 있어서 방문을 하게 되었다. 그때 리버풀에 산지 오래된 이태리인들과 식사를 하며 대화를 나눴는데 몇 마디 나누자마자 액센트가 무척 독특한 것을 바로 느낄 수 있었다. 동행했던 독일인 친구 역시 그들에게 "벌써 리버풀 사람 다 됐네?"라고 했을 정도였다. 리버풀은 비틀즈의 도시이기도 한데 비틀즈의 인터뷰 영상만 봐도 리버풀 액센트를 바로 파악할 수 있다.

□ 뉴캐슬(Newcastle) · 조르디(Geordie)

영국 북동부의 방언으로 우리나라의 방언으로 비유하자면 제주도 방언과 비슷하다. 영국 북동부에서는 go 대신 gan, alright 대신 alreet, nice 대신 canny를 쓰는 등 다른 지역의 영국인도 모르는 고유한 단어들이 많다. I know를 A- nah로 You know를 Ye nah로 발음해 같은 영국인조차도 알아듣기 어려운 방언으로 유명하다. 또한 문장 끝에 마침표를 대신하듯 but을 붙이는 경우가 많다. 예를 들어 '나 예쁜 여자애 하나 알아.'라는 말을 'I know a nice looking girl.'이 아니라 'I know a bonny lass but.'이라고 한다. 또한 'I'm going home(나 집에 갈게).'을 'Ahm gannin yem.'이라고 하는 등 이 지역 사람들은 전혀 영어 같지 않은 영어를 구사하기도 한다.

■ 웰쉬(Welsh)

이제 잉글랜드를 벗어나 대영제국의 다른 지역들을 살펴볼 차례다. 영국 남서부에 위치한 웨일스 액센트는 개성이 아주 강하다. 웨일스는 원래 웰쉬(Welsh)라는 자국어가 따로 있지만 현재는 이를 읽거나 말할 줄 아는 사람들은 거의 없고 영어가 통용된다고 한다. 웨일스 액센트를 들어볼 많지 않은 기회 중 하나가 앞서 소개한 시트콤「개빈 앤드 스테이시」다. 주인공인 스테이시와 바네사는 웨일스 사람으로 이야기가 웨일스의 도시 배리 아일랜드와 에식스의 빌러리키 지역을 오가며 전개되므로 웨일스 액센트뿐 아니라 영국 남동부 에식스의 전형적인 액센트까지 함께 접할 수 있다. 웨일스에서 자주 쓰는 말로는 lush(멋진/최고의), cwtch(포옹), tidy 등이 있다. 웰쉬는 말할 때 음정변화의 폭이 크고 전체적인 톤이 높기 때문에 마치 노래하는 것처럼 흥겹게 들리기도 한다.

■ 스코티쉬(Scottish)

웰쉬보다 더 특이하면 특이했지 결코 평이하지 않은 스코티쉬 액센트는 많은 이들이 영어 같지 않다고 여기는 액센트 중 하나다. 해적이 등장하는 영화에서 선장이 명령하면 선원들이 거칠게 'Aye, aye sir!'라고 하는 장면을 볼 수 있는데 이 대답은 '옳소.'라는 말로 스코틀랜드에서 'Yes.' 대신 쓸 수 있다. 스코틀랜드 역시 그 지역에서만 쓰는 슬랭들이 있는데 음식을 scran이라 부르고 little 대신 wee, going 대신 gon을 쓴다. R 발음은 혀가 입천장을 치며 내는 우리나라의 ㄹ 발음과 오히려 비슷하며 억양이 아주 세다.

배우 가운데 이완 맥그리거와 제임스 맥어보이가 대표적인 스코티쉬이며 영국 록 밴드 가비지(Garbage)의 프론트우먼인 셜리 맨슨 역시 독특하면서도 섹시한 스코티쉬 액센트를 구사하는 것으로 유명하다. 사실 스코티쉬 액센트는 전 세계 언어 중 가장 섹시한 액센트를 뽑을 때 항상 상위권을 차지하는데 실제 들어보면 그 이유를 알 수 있다. 스코티쉬 액센트의 위상을 높이는 데 가장 큰 역할을 한 사람은 단연 1대 제임스 본드였던 숀 코너리일 것이다. 무려 7 편의 본드 시리즈에 출연한 그는 이전까지 사람들이 갖고 있던 스코티쉬 액센트에 대한 이미지와 편견을 바꾸어놓았다.

■ 아이리쉬(Irish)

북아일랜드는 영국령 아일랜드섬 북동부에 위치한 지방이다. 내가 가장 좋아하는 이 지방의 매력 넘치는 액센트는 스코티쉬와 더불어 전 세계의 섹시한 액센트 상위권을 항상 차지한다. 처음 접하면 미국식 액센트와 혼동할 수 있을 만큼 비슷한 특징들이 있지만 실제로는 완전히 다르다. 아이리쉬는 마치 부드럽게 노래하는 듯한 멜로디와 리듬감이 느껴진다. 하지만 아일랜드 시골에서 쓰는 방언은 영국인도 이해하기 어려울 정도로 특이하며 억양이 아주 세다. 킬리언 머피, 리암 니슨, 크리스찬 베일, 시얼샤 로넌 등이 아일랜드 출신 배우들이다. 「스티븐 콜벳 쇼(The Late Show With Stephen Colbert)」에서 시얼샤 로넌이 아이리쉬 액센트를 가르쳐주는 장면이 있는데 아이리쉬 액센트가 궁금하다면 찾아보도록 하자. 유명 텔레비전 쇼 진행자인 그레이엄 노튼 역시 아일랜드 출신이다. 아이리쉬는 th를 거의 t와 가깝게 발음하며 단어의 마지막에 오는 t는 거의 발음하지 않는다. 또 문장의 말미를 살짝 올려 발음한다. 아이리쉬 슬랭으로는 gowl(멍청이), jar(맥주) savage(훌륭한) 등이 있다.

CHAPTER 5.

영국인의 일상으로 본
영국적인 삶

1. 영국인은 정원 있는 집을 사랑한다

영국인에게 자신만의 공간과 시간은 아무도 범접할 수 없는 신성한 영역이다. 타인으로부터 그 영역을 보호하기 위해 한 행동 때문에 영국인은 오만하거나 퉁명스럽고 속을 알 수 없다는 이야기를 듣기도 한다. 그런데 이 같은 영국인의 폐쇄적인 태도와 모순되게도 영국인의 집은 대부분 낮은 담과 넓은 창 너머로 내부가 훤히 들여다보인다.

집 내부를 슬쩍 구경하는 것은 내가 런던에서 즐기던 작은 취미 중 하나인데, 영국인의 집은 마치 나와 같은 관객의 눈을 의식이라도 하듯 멋들어지게 꾸며져 있었다. 한쪽 벽면 전체가 책들로 가득 채워져 있다거나 빅토리아풍 액자들이 빽빽하게 대칭을 이루며 걸려 있기도 했고, 벽 색깔도 남색, 청록색, 심지어 빨간색에 이르기까지 개성을 뽐냈다. 그만큼 집은 영국인에게 쉼과 안식을 주는 동시에 자신을 드러내는 도화지와 같은 공간이다.

그렇다면 정원은 어떨까. 영국인에게 고층 아파트는 절대 이상적인 주거지가 아니다. 고층 아파트는 공영 아파트(council flat)라고 불리며 저소득층이 모여 사는 곳이 대부분이다. 조금 더 여유가 있는 사람이라면 정원을 갖춘 일반 주택을 선호한다. 그 정원에서 꽃과 풀을 가꾸며 자연을 만끽하고 오후엔 차, 저녁엔 와인을 즐기고 주말엔 가족들과 바비큐 파티를 연다. 이런 그림 같은 삶을 영국인은 매일 누리며 산다. 나 역시 런던에서 정원이 있는 집을 원했지만 당시에는 학생 신분이라 신원이 완벽하게 보증되지 않았고 또 비싼 월세 탓에 딱 마음에 드는 집을 렌트하는 것이 불가능했다. 그래도 운 좋게 한국인이 살던 아파트를 넘겨받아 살게 되었는데 비록 꿈에 그리던 정원은 없었지만 짙은 적갈색 벽돌로 지어진 데다가 외부부터 내부의 로비, 계단까지 모두 카펫이 깔려 영국 느낌이 폴폴 나는 곳이었다.

어렵게 집을 구하고 나자 의욕이 넘쳐서 갖은 공을 들여 집을 꾸몄다. 방 세 개와 부엌, 복도까지 직접 페인트칠을 했고 방방곡곡을 다니며 인테리어 소품 및 가구들을 사들였다. 원래는 집주인에게 허락을 맡고 페인트칠을 해야 하지만 때가 꼬질꼬질하게 탄 베이지색 벽은 정말 견딜 수 없었다. 나중에 집에 와본 집주인은 벽들을 휘휘 둘러보더니 이걸 정말 내가 혼자 다했냐면서 놀란 눈치였다. 사실 집이 오래되어 페인트칠이 벗겨지고 때가 탄 경우에 세입자가 요청하면 집주인이 사람을 불러 돈을 주고 해결하는 게 일반적이다. 그러니 나처럼 세입자가 알아서 자발적으로 해결하면 집주인은 더없이 편할 수밖에 없다.

이렇게 영국에서 집을 얻어 직접 꾸미고 살아가면서 나는 영국인과 나의 공통점을 하나 발견했다. 바로 집이 나의 성이자 일터이고 놀이터라는 것이다.

2. 일상에서 발견한 가장 영국적인 문화

영국인의 특성을 파악하면 그들이 쓰는 영국 영어에 한걸음 더 가까이 다가갈 수 있다. 언어와 문화는 밀접한 관계를 맺고 있다. 언어에는 그 나라의 특질과 개성 및 관습 등이 반영되는데 대표적인 예로 프랑스 음악인 샹송을 들 수 있다. 샹송은 가사를 전혀 알지 못하는 사람도 엇비슷하게 흉내 내는 것이 가능할 만큼 개성이 강하다. 그런데 샹송의 노랫말을 이루는 언어가 프랑스어가 아니었으면 어땠을까? 일본의 제이팝(J-Pop)도 마찬가지다. 일본어가 아닌, 만약 이태리어로 되어 있다면 과연 제이팝 특유의 개성이 살아 있을까? 샹송과 제이팝을 들으며 프랑스와 일본의 풍경, 그곳의 사람들이 떠오르는 건 자연스러운 일이다. 한국어의 존댓말에는 선조로부터 전해온 어른에 대한 공경하는 문화가 깃들어 있다. 존댓말은 우리나라 문화를 특징짓는 유의미한 지표다. 영국 영어도 마찬가지다. 영국식 액센트만 들어도 영국인의 기질과 성향, 문화가 느껴진다.

어떻게 하면 영어를 더 빨리 습득할 수 있을까. 학생들을 가르치면서 내가 스스로에게 끊임없이 하게 되는 질문이다. 아직 완벽한 해답은 찾지 못했지만 유력한 힌트는 언어와 문화의 결합이다. 언어는 시공간을 초월해 사람과 사람을, 세계와 세계를 이어준다. 언어라는 매개체가 없었다면 과연 우리가 지금처럼 수많은 것들을 누릴 수 있었을까. 통역가, 번역가, 다국어 능력자 등의 도움을 바탕으로 언어를 통해 다양한 문화가 세상으로 전파된 것이다.

철학자 비트겐슈타인은 '언어의 한계는 자기 세계의 한계다(The limits of my language means the limits of my world).'라고 했다. 더 깊이 있는 의미가 있겠지만, 일단 언어에 한계가 있으면 공유, 공감 또는 음미할 수 있는 세계에 한계가 생긴다는 의미로 해석할 수 있다. 이는 외국어 학습에도 적용된다. 새로운 언어를 익혔을 때에 누릴 수 있는 세계가 하나 더 늘어나는 것이다.

이제 영국이라는 나라의 삶과 문화를 들여다보고 언어의 세계를 한층 넓혀 보자.

■ 뒷사람을 위해 문을 잡아주는 게 상식이다

영국은 신사의 나라답게 대부분의 사람들이 매너가 좋은 편이다. 문을 열고 드나들 때 뒤를 돌아봐서 누군가 있다면 문을 잡아주는 것이 기본 예의다. 이런 상황에서 영국인은 앞에서 배웠던 'After you.'라는 말을 한다. 때로는 문 쪽으로 가고 있으나 아직 다다르지 않았는데도 앞사람이 민망할 정도로 오랫동안 문을 잡아주고 있기도 하다. 이런 문화에 익숙해지면 한국에서 바로 눈앞에서 쾅 닫히는 문에 멋쩍어질 것이다.

■ 횡단보도에서 자동차들은 알아서 멈춘다

신호등이 없는 곳, 흰색과 회색 선이 번갈아가며 있는, 영어로는 zebra라고 하는 횡단보도에서 차가 알아서 멈춘다는 문장은 상식적으로 아주 평범하게 들린다. 하지만 진짜 차들이 먼저 멈출까? 런던에서 한국으로 돌아온 지 얼마 되지 않았을 때 횡단보도만 보고 아무 생각 없이 건너가다가 쌩 지나가는 차에 거의 부딪힐 뻔한 적이 있었다. 이후 나는 횡단보도를 건널 때마다 차들이 모두 지나갈 때까지 멈추고 기다렸다가 길을 건넌다. 하지만 영국에서는 달랐다. 일단 횡단보도 몇 미터 전부터 차들이 속도를 줄인다. 횡단보도 근처에 오는 사람이 없을지라도 일단은 속도를 줄이고 서행한다. 그런 다음 사람들이 모두 지나갈 때까지 여유 있게 기다렸다가 느긋하게 출발한다. 우리가 배워야 할 바람직한 운전 문화다.

■ 매일같이 우편물이 배달된다

런던에 살 때 매일매일 도착하는 우편물들을 확인하는 것은 빼놓을 수 없는 일과였다. 수도세, 휴대폰 요금, 계좌 사용 내역 등이 우편으로 수시로 배달되곤 했다. 게다가 미처 주소를 변경하지 않은 이전 세입자들의 우편물까지 배달되다 보니 나중에는 수백 통까지 쌓인 적도 있다. 워낙 런던이 잠깐 살다 떠나는 사람이 많은 도시다 보니 이렇게 읽히지 않은 채 버려지는 우편물들이 너무나 많다. 한번은 런던 구청에 문의 이메일을 보냈는데 꼬박 한 달 뒤에 답변이 왔다. 그것도 이메일이 아닌 우편으로. 전통을 바꾸기 싫어하는 영국인의 고집과 성향을 알 수 있는 경험이었다.

■ 카페에는 화이트 아메리카노와 플랫 화이트가 있다

영국의 카페에서 아메리카노를 주문하면 반드시 돌아오는 질문이 있다. 'Black or white?' 이럴 때 한국에서 마시는 일반적인 아메리카노를 마시고 싶다면 'Black.'이라고, 새로운 맛을 시도해보고 싶다면 'White.'라고 해보자. White americano는 말 그대로 아메리카노에 우유를 약간 섞은 것으로 white coffee라고도 한다. 또한 영국에서는 카페라떼와 비슷하지만 우유 거품이 없는 플랫 화이트(flat white)가 유명하다.

■ 영국의 팁 문화는 다른 유럽 국가와 다르다

영국은 다른 유럽 국가들에 비해 팁에 대해 유연하다. 즉 팁은 줘도 되고 안 줘도 된다. 특히 프랜차이즈 카페나 레스토랑에서는 대부분 팁 걱정을 안 해도 되고 일반 가게에서는 팁을 주는 것이 예의상 좋다. 레스토랑 중에는 서비스비(service charge)가 10~15퍼센트 정도 이미 식사비에 포함된 곳들이 있는데 이런 경우에는 팁을 따로 줄 필요가 없다. 얼마를 줘야 하는지 정해진 것은 없지만 일단 팁을 주는 사람들은 대부분 후하게 주는 편이다. 만약 식사로 18파운드가 나왔다면 20파운드를 내고 거스름돈을 안 받는 것이 일반적이다. 내가 잠깐 일했던 일식 레스토랑에서는 매일 영업이 끝나면 헤드 셰프부터 신참 알바생까지 모두 동일하게 n분의 1로 팁을 나눴는데, 손님들이 팁을 후하게 준 날엔 팁으로만 원화로 거의 1만 원 상당을 받는 날도 있었다.

■ 동네 사랑방 같은 펍에서는 음악을 틀지 않는다

최근 우리나라에는 젊은 층을 공략하기 위해 일부러 말소리가 안 들릴 만큼 음악을 크게 틀어놓는 카페나 음식점이 많다. 하지만 쉴 새 없이 울리는 음악 때문에 식사에 집중이 잘 안 될 때도 있다. 이에 비해 영국에서는 카페나 음식점에서 시끄럽게 음악을 틀어놓는 일이 거의 없다. 달그락거리는 식기 소리와 조용한 대화가 잔잔한 음악과 함께 공간을 채운다. 펍도 마찬가지다. 물론 하이스트리트의 젊은이들이 모이는 시끌벅적한 펍은 예외지만 주민들이 즐겨 찾는 동네의 작은 펍은 정적이 흐를 만큼 조용하기도 하다. 들어가면 문 열리는 삐그덕 소리와 웅성웅성 소리만 들려 처음 몇 초간은 '잘못 들어왔나?' 싶을 때가 있을 정도다. 어색할 수도 있지만 신문의 크로스워드 퍼즐을 맞추고 있는 할아버지들이 있는 조용한 펍에서 맥주 한잔하는 것도 꽤 영국적이며 낭만적이다.

■ 퇴근 후 길거리에서 맥주 한잔을 서서 마신다

어둑어둑해질 즈음 거리를 돌아다니다 보면 특이한 광경을 마주하게 된다. 바로 정장차림의 사람들 수십 명이 길거리 한복판에서 테이블 몇 개만 두고 맥주를 서서 마시는 모습이다. 날씨가 좋은 날엔 야외에서 특히 이런 모습을 자주 볼 수 있다. 나는 처음에 이런 모습을 보고 '다리가 아프지 않나' 의아했는데 어쩌면 서서 마시 기 때문에 짧고 굵게 음주를 즐기는 것일지 모른다. 외국인들이 많은 홍콩이나 싱가포르의 금융가에서도 이 같은 광경을 흔히 볼 수 있는데 아마 영국문화의 영항인 듯하다. 안주 없이 '맥주만' 마시는 것도 우리와 다른 영국문화다. 사실 영국인에게는 술보다 안주를 우선시하는 우리 문화가 오히려 충격적이다. 하지만 영국인은 맥주를 물처럼 마시므로 배가 불러오는 속도는 똑같지 않을까 싶다.

■ 집을 셰어하는 공동 주거가 보편적이다

영국에서는 광고를 통해 만난 생판 모르는 사람들과 집을 셰어하는 문화가 아주 흔하다. 따라서 남녀가 한 집을 셰어하는 경우도 당연히 많다. 내가 영국인 남자를 플랫메이트로 맞아들였다는 사실에 엄마는 한국에서 새벽까지 잠을 못 이루며 약 2주간 나의 마음을 바꿔보려고 수십 통의 메시지를 매일 보낸 적이 있다. 하지만 우려와 달리 플랫메이트에게 이성적으로 접근하는 경우는 흔치 않다. 그런 일이 절대 생기지 않는다는 것은 물론 아니다. 하지만 일반적으로는 '한집 사는 여자가 추근거리면 어쩌지?' 또는 '남자가 내 방을 몰래 훔쳐보면 어떻게 하지?' 하는 걱정은 하지 않는다. 심지어 당시 나의 고충을 들은 한 영국인 친구는 여자인 자신은 남자 다섯 명과 집을 셰어하는데 남자들보다는 공용 화장실의 더러운 욕조가 훨씬 더 신경 쓰인다고 말했다. 이 역시 타인의 삶에 관심이 별로 없는 개인주의적인 문화에 기인한 것일 테다. 당시 엄마가 제발 플랫메이트 계약을 취소하라던 그 영국인 친구는 나중에 한국에 있는 직장에 취직해 서울에 살면서 우리교회에 다니기도 하는 등 나와 우리 가족의 좋은 친구가 되었다. 런던에 처음 도착해 약 6개월간 살았던 기숙사도 5인이 주방 하나와 복도를 공유하는 구조였는데 남녀를 섞어서 배정했다. 우리나라에서 보면 충격적일수도 있는 이런 문화를 보고 어릴 때부터 남녀를 강제로 나누어놓으면 오히려 이성에 대한 궁금증과 호기심 때문에 부작용이 생기는 게 아닌가 하는 생각도 들었다.

■ 셰어하우스의 방에는 잠금 장치가 없다

영국에서 한국의 원룸자취보다 더 흔한 셰어하우스에 각방마다 잠금장치가 없다는 것은 놀라운 일이다. 다행히 나는 겁이 많은 편이어도 인간의 기본적인 양심을 굳게 믿어서 그 사실에 별로 동요하지 않았지만 그때는 워낙 어리고 열정이 넘치던 시기여서 그랬던 것 같기도 하다. 지금 잠금장치 없는 곳에서 생전 처음 보는 사람들과 한집에 살라고 하면 못할 것 같다. 한국인이 집 전체를 렌트해서 재임대(sublet)하는 집에는 잠금장치를 별도로 달기도 하는데 신기하게도 런던의 거리나 공공장소에서 소매치기 당한 이야기는 셀 수 없이 들어봤어도 플랫메이트들과 생활하는 집에서 도둑맞았다는 사람은 거의 본적이 없다. 런던에는 좀도둑이 워낙 많아 사람들로 가득한 스타벅스에서조차 화장실에 갈 때 소지품을 모두 챙겨야 하는 것을 감안하면 셰어하우스는 안전한 편이다. 이렇게 셰어하우스가 잘 유지되는 까닭은 플랫메이트들끼리 암묵적인 규칙을 꽤 철저히 지키기 때문이다. 서로의 생활에 전혀 방해가 되지 않도록 상대방의 사생활을 존중하는 것은 다들 기본 중의 기본으로 여긴다.

■ 하이스트리트에는 화장실이 지하에 있다

런던의 유동 인구가 많은 하이스트리트에는 대부분 화장실이 있는데 독특하게도 지하에 화장실이 있는 경우가 많다. 지하상가가 아닌 길거리에 지하로 내려가는 계단이 있고 한쪽엔 남성용, 한쪽엔 여성용 화장실이 마련되어 있다. 재미있게도 이 화장실 출입구는 런던의 언더그라운드 출입구와 아주 비슷하게 생겼다. 오래된 계단에 작고 간결하게 만들어진 간판, 주변을 두르고 있는 예쁜 철창까지. 그럼에도 이용하기를 주저하게 만드는 비주얼이라 나는 한 번도 이용해 본 적이 없는데 급한 상황에 그 화장실을 이용해 본 사람들의 이야기를 들어보고는 절대로 가면 안 되는 곳이라는 것을 알았다. 어디든 사람들이 잘 찾지 않는 지하 공간은 특정 집단의 은신처 또는 아지트로 쉽게 변질되기 마련이다.

■ 영국인은 사생활을 아주 중요하게 생각한다

영국인의 특징과 문제를 다룬 텔레비전 쇼 「베리 브리티시 프러블럼(Very British Problems)」에서 사생활을 다룬 에피소드가 방영된 적이 있다. 일련의 인터뷰를 통해 개인의 시간과 공간을 무척 소중히 여기고, 잘 모르는 사람과 대화를 시작하는 것을 어색해하며, 본인의 사적인 면면을 보여주기 꺼리는 영국인의 성향이 잘 드러났다. 그래서 어떤 영국 사람들은 정이 많고 꾸밈없는 한국인의 성품을 칭찬하기도 한다. 이처럼 남의 사생활을 존중하고 자신의 사생활 또한 침해받지 않기를 바라는 영국인의 모습은 지독히 개인주의적이고 이기적이지만, 시크한 매력이기도 하다.

■ 영국의 집에는 리셉션이 있다

영국에선 living room과 sitting room이란 말보다 리셉션 룸(reception room)을 더 자주 접할 수 있다. 부동산 광고를 보면 'one bedroom, one reception(reception room), one bathroom'식으로 집을 설명한다. 사생활을 중요시하는 나라답게 부엌과 리셉션 룸에는 문이 있어 닫으면 방처럼 외부와 차단된다. 어쩌면 대부분은 주방에 세탁기를 배치하기 때문에 세탁기 소음을 줄이기 위한 조치일 수 있다. 거실 역할을 하는 리셉션 룸 역시 문을 열고 닫을 수 있다. 그래서 영국의 집은 현관문을 열고 들어가면 거실이 넓게 펼쳐진 구조가 아닌 복도같이 기다란 홀에 침실과 부엌, 화장실로 통하는 문들만 여러 개 달린 구조가 많다. 이 때문에 임대료를 아끼려는 학생들은 이런 리셉션 룸을 또 하나의 침실로 사용하는 경우가 많다. 거실이 아닌 침실로 쓸 경우 셰어하는 사람을 한 명 더 늘릴 수 있고 그만큼 월세는 줄어든다. 최근 지어진 건물들에서는 부엌과 거실이 하나로 이어진, 우리나라에 흔한 오픈 형 구조(open plan)를 많이 볼 수 있다.

■ 사이다는 탄산음료가 아니라 술이다

우리나라식 발음으로 '사이다'라고 읽기엔 조금 애매하고 '사이더'라고 읽는 것이 더 옳을 것 같다. Cider라고 표기하는 이 음료는 쉽게 말하면 '사과주'로 조금 단맛이 나며, 사과뿐 아니라 블루베리, 딸기 등 여러 맛이 있다. 유럽 각지 및 영국 펍에서 빠지지 않고 있는 메뉴로 한국인이 막걸리를 마시듯 영국인이 많이 마시는 인기 음료다. 그런데 이름 때문에 달짝지근한 탄산음료를 기대하고 사이더를 마셨다가는 낭패다. 내가 처음 사이더를 맛보고 얼굴을 찌푸리며 했던 말은 "It tastes like vomit(이거 구역질나는 맛이야)!"이었다.

■ 영국에도 인종차별이 있다

누군가 영국에도 인종차별이 있느냐 물어본다면 일단 나는 '있다.'라고 대답한다. 여기에 한마디 덧붙이자면, 다른 나라와 비교했을 때에는 그래도 조금 덜하다. 그 '다른 나라'를 어디라고 콕 집어 말할 순 없지만 백인의 인구비율이 월등히 높은, 특히 도심이 아닌 지역에 해당할 것이다. 그런 곳은 지역 정체성이 아주 강하기 때문에 이방인, 특히 피부색이 다른 사람들은 경계하고 밀어내려 하는 성향이 강하다. 실제로 영국 교외의 작은 도시에 살던 한국인의 이야기를 들어보니 지역 내에서 영국인과 가까워지는 것이 아주 어렵고 동양인들끼리만 교류하는 것이 자연스럽다고 했다. 이에 비해 런던 같은 대도시는 여러 인종이 뒤섞여 함께 사니 다양함(diversity)에 익숙하다. 900만 명 이상이 살고 있는 런던을 살펴보자. 통계에 의하면 백인 영국인(White British)의 수는 계속해서 줄어드는 데 반비례해 아시안 영국인(Asian British)과 흑인 영국인(Black British)의 수는 계속 증가하고 있다. 이제 런던은 여러 인종이 뒤섞여 사는 것이 아주 익숙한 도시가 되었다.

■ 여유롭게, 적당히 일하는 게 당연하다

본인 일이면 모르쇠로 일관하거나 다른 사람에게 떠넘기는 것은 비단 영국뿐이 아닌 유럽 대부분의 나라에서 찾아볼 수 있는 문화다. 특히 영국의 공무원은 본인이 보수를 받는 정도로만 적당히 일하는 게 눈에 보인다. 은행이나 우체국 등 공공기관에선 맛집 앞에 줄서듯 줄이 길게 늘어서 있다. 아무리 줄이 길어도 공무원들은 일단 자기 할 일 먼저 여유 있게 마무리 짓고 옆 직원과 시시콜콜한 이야기도 끝내고 나서야 '다음 손님!'을 외친다. 가전제품 수리를 맡기면 최소 2주가 걸리고, 컴플레인 이메일을 보내면 5~7일 정도의 작업일(working days)이 걸린다고 미리 언급하곤 한다. 그것도 컴플레인을 해결하는데 그 정도 걸리는 게 아니라 답장을 주기까지 시간이 그만큼 걸린다는 말이다. 하긴 개인 식당이나 카페를 운영하는 자영업자도 여가와 휴식을 위해 저녁 일찍 문을 닫는 곳이 영국이니 월급을 받는 곳에선 당연한 태도일 수 있다. 오히려 우리나라의 서비스직이나 자영업 종사자들이 애쓰는 모습을 보면 영국인과 같은 태도가 어느 정도는 필요하지 않을까 싶기도 하다.

■ 승객 모르게 버스 목적지가 바뀌기도 한다

한번은 2층 버스 맨 앞자리에 앉아 음악을 들으며 한참을 가다 무심코 뒤돌아보았는데 승객은 나 혼자였고 전깃불이 다 꺼져 있었다. 깜짝 놀라 1층으로 뛰어 내려갔더니 기사가 나보다 더 깜짝 놀라며 여태 안 내리고 뭘 했냐며 혀를 내둘렀다. 딴생각하느라 목적지가 바뀌었다는 안내 방송을 못 들은 것이다. 이처럼 런던에서는 버스가 중간에 목적지를 바꾸거나 기사가 교체되는 일이 종종 있다. 그런 경우 버스 내부 전광판과 방송으로 안내가 되고, 승객들은 내려서 다른 버스로 갈아타야 한다. 어깨를 으쓱하고 고개를 절레절레 흔들어 불편함을 표시하기도 하지만 대부분은 군말조차 없다. 환승 제도가 없는 영국에서는 이런 일이 생기면 버스 기사가 다음 버스에 무료로 탈 수 있도록 해주긴 한다. 왜 이렇게 갑작스럽게 목적지를 바꾸거나 운행을 종료하는 버스들이 있는지 궁금해서 인터넷에 찾아본

적이 있다. 그랬더니 누군가 6월 3일에 문의를 올렸는데 대답하기까지 필요한 과정을 모두 거친 후 6월 28일에 답변을 주겠다고 써 있었다. 정말 영국스러운 답변이었다.

■ 영국인은 불평하지 않는다

영국인 플랫메이트의 말 가운데 'British don't complain(영국인은 불평 같은 거 안해).'이라는 말이 가장 기억에 남는다. 이 말이 나오게 된 계기는 너무나도 영국적인 상황이었다. 내가 살던 집은 워낙 오래된 집이라 간간히 자잘한 문제들이 발생했는데 언젠가는 단수가 된 적이 있었다. 나는 온갖 난리를 치며 발을 동동 굴렀으나 영국인 친구는 나처럼 호들갑을 떨지도, 불평을 하지도 않았다. 그래서 어떻게 그럴 수 있냐고 물었더니 돌아온 답변이 'British don't complain.'이었다. 또 며칠간 인터넷 연결이 잘 안 되던 때가 있었다. 한국인 플랫메이트한테는 '왜 인터넷이 갑자기 안 되죠?'라는 문자가 즉각 왔고, 영국인이 아닌 외국인은 몇 시간 뒤, 또는 하루 뒤에 같은 얘기를 했다. 당시 인터넷이 다시 작동할 때까지 인터넷의 'i'조차 언급하지 않았던 것은 영국인, 그리고 스페인과 영국인 혼혈이었던 플랫메이트 둘뿐이었다. 사실 영국인은 불평을 아예 안 하는 것이 아니라 혼자 조용히 불평을 하며, 단지 남을 많이 의식하고 워낙 소심하기 때문에 그 불평이 겉으로 드러나지 않을 뿐이라고 한다.

■ 화장실 따로 샤워실 따로 있다

영국은 약간 연식이 있는 집이라면 변기만 있는 화장실(toilet)과 세면대와 욕조가 있는 샤워실(bathroom)로 나뉘어 있다. 여러 명이 같이 사는 집이라면 한 사람이 화장실을 이용하는 동안 다른 사람은 샤워실을 이용할 수 있으니 시간도 절약하고 편리할 수 있다. 하지만 화장실에 세면대나 심지어는 수도꼭지조차 없이 변기만 달랑 있는 곳이 꽤 많기 때문에 화장실을 이용한 뒤 손을 씻기 위해서는 결국 또 샤워실을 이용하기 위해 기다려야 한다. 그리고 또 하나 알아둬야 할 것은 영국의 화장실(이제부터 샤워실과 화장실이 합쳐진 곳을 화장실이라고 표현하겠다.)은 건식이라는 점이다. '이게 뭐 대수일까.'라는 생각으로 한국에서처럼 바닥에 물을 뿌리거나 한다면 아랫집에서 화장실에서 물이 샌다면서 화난 얼굴로 항의해오는 일을 겪을 수도 있다. 실제 나의 경험이다. 우리나라도 요즘 건식 화장실이 점차 도입되고 있지만 런던에서 청소기로 화장실 바닥을 청소하던 경험은 어찌나 어색했던지 아직까지 기억에 남아 있다.

■ 수도꼭지에 꼭지가 두 개 있다

영국생활을 정말 힘들게 했던 것 중 하나가 바로 화장실 수도꼭지였다. 뜨거운 물이 나오는 꼭지와 차가운물 나오는 꼭지로 분리되어 미지근한 온도의 물을 쓰려면 항상 두 개를 동시에 틀고 조절해야 하는데 수도꼭지들이 워낙 오래되어서 그런지 아니면 원래부터 그렇게 제작된 건지 쉽지 않았다. 양 꼭지를 재빠르게 오가며 씻어야 과장을 조금 보태 화상을 입지 않거나 동상에 걸리지 않고 안전히 화장실에서 벗어날 수 있다. 영국의 화장실 수도꼭지는 정말 내 인내심과 이해심으로 이해할 수 없는 시설이었다. 우리나라에서도 지은 지 오래된 호텔에 가면 아직도 이런 수도꼭지를 정말 가끔 볼 수 있는데, 어쩌다 비누 묻은 미끄러운 손으로 돌려서 쓰는 수도꼭지를 겨우 열고 뜨거운 물과 차가운 물을 번갈아가며 쓸 때면 영국생각이 난다.

■ 영국인은 오래된 것들을 더 좋아한다

영국인은 오래된 것들을 사랑하는 것으로 유명하다. 조지 오웰은 자신의 에세이 『England Your England(영국, 당신의 영국)』(1941)에 영국인의 특성에 대해 이렇게 썼다. 'Their obstinate clinging to everything that is out of date… how little they care about mere efficiency(영국인의 구식이 된 모든 것들에 대한 고집스러운 애

착… 단순한 효율성에도 얼마나 관심이 없는지).' 그로부터 반세기 이상이 지난 지금까지도 이 말은 전적으로 유효하다.

　　영국 거리에서는 중세에나 썼을 법한 화려한 금빛 모자를 쓰고 말을 탄 기마경찰이 순찰을 하는 모습을 볼 수 있고, 박물관에 있어야 할 것 같은 클래식한 자동차들이 달리기도 한다. 뿐만 아니라 영국에서는 아직도 전자 도어록보다 열쇠가 더 많이 사용된다. 영국인은 편의보다 오래된 것을 더 좋아하는 맹목적인 유별난 고집이 있는 것 같다. 영국에 머무는 동안 이런 문화가 때론 답답하게 느껴지기도 했다. 그러나 영국이 고풍스럽고 아름다운 문화와 건축물을 잘 보존하는 모습을 보며 이 같은 고집의 사회적 역할에 대해서는 좋게 평가할 수밖에 없었다.

■ 공공장소에서도 휴대폰이 잘 안 된다

영국에서 가장 많이 하던 행동 중 하나는 휴대폰을 최대한 하늘 높이 올려 이곳저곳으로 왔다갔다 하는 것이었다. 셀카 때문이 아니라 가장 신호가잘 잡히는 곳을 찾기 위해서였다. 이처럼 인터넷 또는 휴대폰의 신호가 잡히지 않는 일은 영국에서 비일비재하다. 집 안에서조차 공유기 가까이에서만 신호가 잡히곤 했다. 심지어 백화점에서도 마찬가지고, 지하철을 타면 거의 전 구간에서 휴대폰이 먹통이 되어버리기 때문에 누군가와 통화를 하거나 문자를 주고받던 중이었다면 '나 이제 지하철 타니까 나중에 연락할게.'라고 하는 건 당연했다. 처음엔 런던에서 지하철을 탔을 때 대부분 승객들이 책과 신문을 읽고 있는 모습을 보며 작은 경외감을 느꼈는데 어쩌면 휴대폰이 터지지 않아서 그랬을 수도 있을 거라는 생각이 든다. 내가 영국을 떠날 때쯤 지하철에 와이파이가 도입된다는 광고가 나오고 있었는데 요즘은 어떤가 해서 검색해봤더니 2022년 11월 16일, 런던 공식 웹사이트(london.gov.uk)의 문의란에 올라온 질문에 지하철에서 와이파이가 아주 잘 터진다는 답변이 있다. 그러나 여전히 모든 곳에서 터지는 건 아니고 곧 그렇게 되게 하기 위해 열심히 일하고 있다고 한다. 무엇보다 4G를 제공할 거라고 하는데 2022년에 4G라니 정말 느리긴 하다.

■ 모든 대화는 기승전 날씨다

영국인은 웬만한 비바람에 굴하지 않는다. 일단 비가 부슬부슬 내리는 정도면 거의 우산을 쓰지 않는다. 영국 날씨 자체가 비가 워낙 오락가락 내렸다 그쳤다 해서 굳이 우산을 꺼내는 귀찮고 멋없는 행위는 시도하지 않는다. 하늘엔 먹구름이 가득하고 바람에 휴지가 날아가고 빗방울이 분무기 흩뿌리듯 내리는 날씨에도 영국인을 답답한 카페의 실내로 몰아넣기엔 역부족이다. 바람이 불고 공기가 쌀쌀해도 꿋꿋이 테라스와 정원에 앉아 여유 있게 커피를 즐긴다. 그러다가 드물게 해가 반짝 뜨는 날이면 햄스테드히스(Hampstead Heath), 켄싱턴팰리스(Kensington Palace) 또는 그린파크(Green Park) 등은 들뜬 사람들로 가득 찬다. 'Now or never(지금이 유일한 기회)'라는 심정으로 모두가 초록색이 있는 곳이라면 어디든 몰려드는 것이다.

영국인과 단둘이 있는데 할 말이 없어서 어색하다면 날씨 이야기를 꺼내면 된다. 영국은 날씨가 워낙 변화무쌍하기에 대화의 완벽한 주제다. 다만 대화를 이어가려면 날씨에 관한 단어와 표현들을 익혀두는 것이 필수다. 영국에서는 장화를 웰링턴 부츠(Wellington boots)라고 부른다. 우산은 umbrella지만 brolly라고 부르기도 하며 간단한 비를 막을 수 있는 방수처리 된 상의를 cagoule이라고 하고 우리가 흔히 바람막이라고 하는 재킷은 windcheater라고 부른다. 그 밖에 날씨와 관련한 주요 단어들은 다음과 같다. Draught(외풍), hail(우박), gale(강풍), shower(소나기), drizzle(이슬비), stuffy(공기 등이 답답한), sticky(끈끈한), muggy(후텁지근한), spit(비가 흩뿌리다).

3. 매너가 영국인을 만든다

'Manners maketh man(매너가 사람을 만든다).' 영국을 좋아하는 사람이라면, 아니 그저 영화를 좋아하는 사람이라도 영화 「킹스맨」에 등장한 이 유명한 대사를 알 것이다. 얼마나 멋진 말인가! 매너에 대한 영국인의 생각이 한 문장에 담겼다.

영국의 대표적인 성장 소설(bildungsroman)인 『위대한 유산』에서 소년 핍은 매형의 대장간에서 견습생으로 일하던 중 자신이 막대한 유산을 물려받았다는 것을 알게 되고 런던에서 신사(gentleman)가 되기 위한 훈련과 교육을 받는다. 버나드 쇼의 희곡 『피그말리온』에서는 꽃 파는 소녀 일라이자가 상류층 언어학자와 계약을 맺고 숙녀(lady)가 되는 매너와 상류층 화법을 익히는 혹독한 합숙 훈련을 받는다. 두 작품 모두 상류층의 삶이 마냥 장밋빛만은 아니며 위선과 고독이 뒤따른다는 것을 보여준다. 그럼에도 신사와 숙녀가 되는 것이 왜 그렇게 중요했을까.

신사는 영국을 대표하는 상징 중 하나다. 신사라는 말에는 '신사도(the gentleman's code of honour)'라든지 영국 신사가 연상되는 멋진 남성의 모습 등 여러 의미가 내포되어 있다. 나는 햄스테드 히스의 어느 숲에서 우연히 배우 주드 로를 만난 적이 있다. 한눈에도 멋지게 보이는 그 남자가 주드 로라는 것을 깨닫고 그의 열혈 팬이었던 나는 수줍게 인사를 건넸는데 운 좋게도 대화까지 나눌 수 있었다. 그는 예의 바르고 젠틀했다. 내게 런던에 왜 오게 되었는지, 무슨 공부를 하는지 등을 물어보더니 본인의 어린 시절 이야기를 비롯해 조언까지 해주었다. 그를 거만하고 퉁명스러운 할리우드 스타일의 사람일 것이라고 생각했었는데 실제로 만나보니 정반대였다. 그날 이후로 난 영국 남자와 영국 신사 하면 주드 로를 떠올리게 되었다.

이렇게 지금은 좋은 매너와 에티켓을 갖춘 영국인이지만 중세만 해도 대소변을 길거리에 내다버리는 게 일상적이었다면 믿어지는가. 우리나라의 요강과 비슷한 양동이를 창밖으로 쏟아버리는 것이 영국인의 오물 처리법이었고 지층보다 높은 위치에 있는 화장실은 변기 바닥이 뚫려 있어 배설

물이 외부로 쏟아지곤 했다. 그래서 길을 걸어 다니는 사람들은 어디에서 날아들지 모르는 대소변을 알아서 피해 다녀야 했고 따라서 거리는 항상 갈색의 질퍽거리는 물체로 뒤덮여 있었다. 중세 시대의 영국은 깨끗하고 아름다운 현대의 영국과는 너무나 대조되는 모습이었다.

이런 야만적인 중세 시대를 거쳐 대영제국의 절정기라 불리는 빅토리아 시대(Victorian era)[1]가 도래했다. 빅토리아 시대에는 공공예절 및 에티켓에 대한 중요성이 대폭 강조되어, 남성이 여성에게 악수를 먼저 청한다든지 공공장소에서 코를 푼다거나 분노하는 모습을 보인다든지 하는 행동들이 금기시됐다.

영국이라는 나라가 이렇게 환골탈태하기까지 국가적 차원에서의 노력도 컸지만 국민 개개인의 노력이 없었다면 불가능했을 것이다. 원래 자신의 이익보다 남을 먼저 배려하는 자세는 절대 쉽게 만들어지지 않는다. 『영국인 재발견』에서는 선진 유럽인들은 자신들만이 잘살고 풍족하게 산다고 절대 존경받지 않는다며 그런 부담은 선진국이기 때문에 짊어져야 하는 짐이자 영광이라고 했다. 옳은 말이다. '영국'이라는 이름에 부합되게 행동하고 살아가는 영국인의 노력은 박수를 받기에 마땅하다.

이제부터 이 같은 영국인의 노력에 해당하는 매너와 관련한 표현을 소개한다.

---

1 빅토리아 여왕이 통치한 1837년부터 1901년은 산업혁명으로 경제 발전을 이룬 대영제국의 절정기로 여겨진다. 당시는 문화와 예술이 눈부시게 발전한 시기이기도 하다. 영국 미술계에서 가장 중요한 화가로 여겨지는 J.M.W 터너(J.M.W. Turner, 1775~1851)가 이 시대에 활동했고, 문학계에서는 로버트 브라우닝(Robert Browning, 1812~1889)과 알프레드 테니슨(Alfred Tennyson, 1809~1892), 찰스 디킨스, 브론테 자매들, 조지 엘리엇, 루이스 캐롤(Lewis Carroll, 1832~1898), 토마스 하디, 아서 코난 도일 등 걸출한 작가들이 글을 썼다.

■ 거의 자동적으로 말하는 'Sorry.'

얼마 전 잡지 「보그(British Vogue)」의 유튜브 채널에 'You Know You're British When…(당신이 영국인이라고 느낄 때…)'이라는 영상이 올라왔다. 유명 인사들이 영국인의 정체성에 대해 한마디씩 하는 영상이었는데 가장 첫 번째가 '잘못하지도 않았는데 sorry라고 할 때'였다. 영국인에게 'Sorry.'는 정말 반사적인 반응 같다. 영국인은 다른 사람과 살짝 스치기만 해도 마치 센서가 작동하듯 자동으로 'Sorry.'라고 한다. 이러한 반응에는 부작용도 있다. 실제로는 별로 미안할 만한 일을 하지 않았음에도 불구하고 미안하다고 말함으로써 본인이 잘못한 사람이 되는 것이다. 하지만 이로써 모두가 한발 물러서게 되어 서로 얼굴 붉힐 일이나 언성이 높아질 일이 적어지니 얼마나 좋은 습관인가.

    영국에서 지낼 때 나 역시 시도 때도 없이 'Sorry.'라고 하는 습관이 생겼었다. 한국으로 돌아온 뒤에도 한동안은 'Sorry.'가 입에서 튀어나왔지만 곧 다시 예전처럼 길을 가다 누군가와 부딪혀도 서로 별말 없이 갈 길을 가게 되었다. 그러다가 영어와 한국어의 사과하는 말에 차이점이 있다는 생각을 했다. 영어인 'Sorry.'와 'Excuse me.'는 짧고 단순해서 언제 어디서나 편하게 말할 수 있다. 이에 비해 우리말 '죄송합니다.'는 너무 격식을 갖춘 것 같고 찰나에 말하기엔 말이 길다. 그렇다고 '미안해요.'라고 말하는 건 예의 없어 보이고 어색하다. 그런 차이로 우리가 영국인처럼 쉽게 사과의 표시를 하지 못하는 건 아닐까.

■ 예의를 갖출 때는 공손하게 'please.'

영국에서 'Sorry'만큼 많이 쓰이는 말이 'please'일 것이다. 'Sorry'가 자동반사적이라면 please는 오후에 차를 마시는 일과처럼 영국인의 몸에 밴 습관과도 같다. 예의범절을 중시하는 영국에선 문장에 please를 많이 덧붙인다. 실로 please의 효과는 놀랍다. 별것 아닌 표현을 공손하게 바꿔주고 의도하지 않아도 예의를 갖춘 느낌을 준다. 예를 들어 식당에서 주문할 때 'I'll have some salad(샐러드 하나요).'라고 말하는 건 영국의 매너에 걸맞지 않다. 그런데 여기에 'May I have some salad please?(샐러드 하나 주문할 수 있을까요?)'라고 may와 please만 붙이면 아주 공손한 말로 바뀐다. 그러니 영어를 쓸 때는 문장의 맨 앞이나 끝에 please를 덧붙이는 습관을 들이자.

■ 어딜 가나 줄 서는 것은 당연

앞서 말했지만 줄 서기는 영국인이 강조하는 공공장소 매너 중 하나다. 만약 공공장소에서 제대로 줄을 서지 않았다가는 이런 말을 듣기 십상이다. 'Queue Up(줄 서세요)!' 어딜 가나 줄 서기의 연속이지만 영국인은 불평하지 않고 줄을 서서 조용히 차례를 기다린다. 유럽의 다른 나라들도 공공기관이라면 이와 사정이 비슷하다고 한다.

또한 영국에서는 마트나 옷가게 등에서 계산하기 위해 줄을 섰을 때 곧 자신 차례가 된다고 해서 볼일이 아직 끝나지 않은 앞사람에게 다가가 바로 옆에서 기다린다든지, 미리 계산대에 물건을 올린다든지 하는 건 결례다. 보통은 정해진 자리에서 점원이 다음 손님을 부를 때까지 계산대로 가지 않는다.

그런데 특이하게도 펍에서만큼은 영국인도 줄을 서지 않는다. 펍에 가면 손님들이 바를 중심으로 바글바글한데 순서를 짐작하며 주문해야 한다. 이때 너무 존재감 없이 멍하니 있으면 자칫 몇십 분 내내 기다리기만 할 수도 있으니 바텐더에게 자신이 주문하려고 한다는 것을 눈짓이나 손짓으로 알려야 한다.

■ 지하철과 버스는 느긋하게 타고 내린다

우리나라에서 지하철을 이용할 때 나는 두 가지가 아쉽다. 지하철에서 너무 시끄럽게 떠들거나 지하철이 정차했을 때 승객이 내리기도 전에 밀치면서 타는 것이다. 워낙 빽빽한 지하철에서 자리를 잡아야 하니 어느 정도 이해는 되지만 그래도 조금만 기다렸다 타주었으면 하는 바람이다. 그런데 지하철 이용자가 서울과 맞먹는 런던에서는 이런 모습을 별로 본 적이 없다. 늘 여유 있게 행동하는 편인 영국인은 역시 지하철을 탈 때나 내릴 때 느긋하다. 버스도 마찬가지다. 우리나라처럼 버스가 정류장에 정차했을 때 사람들이 우르르 몰려들어 타는 것은 런던에서 보기 드문 광경이다. 그래도 만약을 위해 알아두자. '밀지 마세요.'에 해당하는 영어 표현은 'Don't push in.'이다.

■ **아무리 바빠도 차는 제대로 마신다**

영국의 코미디언이자 래퍼인 닥 브라운(Doc Brown)이 본인의 스탠드업 쇼에서 차를 제대로 끓이지 못하는 친구에 대한 분노를 담은 랩 「My Proper Tea(나의 제대로 된 차)」를 공개한 적이 있다. 이 랩은 3분이 채 되지 않는 노래 안에 어떻게 해야 '제대로 된 차'를 만드는지 속사포로 알려준다. 이것만으로도 영국인이 얼마나 차를 사랑하는지를 알 수 있다. 영국에서는 매년 60억 잔의 차가 소비된다고 한다. 차에 설탕을 넣느니 안 넣느니, 우유를 붓느니 안 붓느니 하는 논쟁이 있을 만큼 차를 마시는 것은 영국인에게 개인적인 취향을 넘어선 사회적 행위다.

 3단 트레이에 가득한 달콤한 케이크들과 앤티크한 찻잔이 떠오르는 애프터눈 티(afternoon tea)는 영국인의 대표적인 일과 중 하나다. 아침 일찍 식사를 하고 그다음 식사를 저녁 늦게 하던 1800년대, 중간에 찾아오는 배고픔을 달래기 위해 오후 세 시에서 다섯 시 사이에 간단한 다과와 함께 차를 마시던 것이 애프터눈 티의 시초다. 귀족들의 사교 모임에서 시작된 애프터눈 티는 점차 퍼져나가 영국 전역에서 관습으로 자리 잡았다. 영국에는 일터에서조차 오후에 하던 일을 멈추고 모두 함께 차를 마시는 휴식 시간이 있다. 바로 티 브레이크(tea break)다. 아마 영국인이 가장 많이 하는 말 중에 이 말도 포함될 것이다. 'Who wants tea(차 마실 사람)?'

 그렇다면 영국인은 어떻게 차를 마실까. 런던에서 차에 관한 다큐멘터리를 본 적이 있는데 차를 마시는 방법을 이렇게 소개했다. 먼저 티백을 찻잔에 넣고 끓인 물을 붓는다. 이때 티스푼으로 저어주면 표면에 거품(scum)이 생기는 것을 방지할 수 있다. 3~5분 정도 티백을 우리는 동안 찻잔을 덮어 놓으면 차가 식는 것을 막을 수 있다. 그런 뒤 잔에서 티백을 빼고 취향에 따라 우유 또는 설탕을 적당히 첨가해 마시면 된다. 생각보다 간단하지만 성격 급한 나 같은 사람에게는 3~5분 기다리기도 어렵다. 차는 스콘과 곁들여 먹는 것이 정석이고 쇼트브레드 또는 비스킷과 함께 먹기도 한다. 개인적으로 우유를 살짝 얹은 얼그레이를 강력 추천한다.

■ 식탁 매너만큼은 엄격하게

어릴 적부터 아버지는 항상 밥상머리 교육을 강조하셨다. 밥 먹을 때 쩝쩝대는 소리를 내지 말 것, 간단히 먹더라도 음식을 접시에 정갈하게 담아낼 것, 물은 꼭 컵에 담아 마실 것 등을 자식들에게 당부하셨는데 그건 식사를 그저 음식을 섭취하는 행위만이 아니라고 생각하셨기 때문이다. 그런데 영국 가정에서도 이 같은 식사 예절을 지키는 것을 당연히 여긴다.

영국의 식탁에서는 어느 손에 포크와 나이프를 쥐고 식사하느냐가 아주 중요하다. 포크는 왼손에 나이프는 오른손에 쥐고 먹는다. 오른손잡이일 경우 미국에서는 음식을 먹을 때 포크를 오른손으로 바꾸어 먹는 데 비해 영국에서는 어떤 경우건 나이프와 포크를 잡는 손을 바꾸지 않는다. 영국 신문「텔레그라프(The Telegraph)」에서는 이를 두고 'non-negotiable(협상불가의)'라고 단언하기도 했다.

영국의 식사예절 중에서 특히 유의할 점이 더 있다. 음식을 먹는 중이 아니라면 포크는 날카로운 부분이 아래쪽을 향하게 엎어 놓아야 한다. 그리고 입안에 음식이 있을 때는 말을 삼가야 한다. 이런 이유로 영화에서 영국인이 음식 먹는 장면을 보면 깨작깨작 먹는 듯하다. 입을 될 수 있는 한 작게 벌리고 입 안에서 음식을 아주 잘게 썰어 먹는 것이다. 더구나 영국인은 식사 때 대화를 나누며 천천히 먹기에 대부분 이렇게 한다. 물론 영국인 중에서 '먹방'을 하는 유튜버 등은 예외다.

그럼「텔레그라프」가 꼽은 영국의 식탁 매너 중 몇 가지를 소개하겠다.

- 테이블 위에 팔꿈치를 올려놓지 않는다.
- 스푼은 오른손으로 잡고 항상 스푼의 가장자리로 음식을 먹는다.

- 두 개의 와인 잔이 있을 경우, 더 작은 것은 화이트 와인용으로, 더 크고 손잡이가 짧은 것은 레드와인용으로 사용한다.
- 그릇에 담긴 음식을 먹을 경우 그릇을 절대 탁자에서 떼지 않도록 한다. 즉, 그릇을 들고 먹지 않는다.
- 식사를 마쳤다면 식기구를 접시의 가운데에 놓아 식사를 마쳤음을 표시한다.

■ 영국 식당에서의 매너

우리나라에서는 식당에서 식사를 할 때 손님들이 음식을 다 먹은 접시를 직원들이 중간에 치워주는 것이 아주 자연스럽다. 하지만 영국에서는 전체 인원의 식사가 끝나기 전에 그릇을 치우는 것은 실례다. 이는 사람들의 대화를 방해할 수도 있고, 식사를 천천히 하는 사람에게 부담을 주기도 하며, 이미 식사를 마친 사람에게는 상대방이 다 먹을 때까지 기다리고 있는 듯한 기분이 들게 하기 때문이다. 그러므로 영국에서는 전체 인원의 식사가 다 끝나면 테이블을 정리하든지, 아니면 손님이 계산서를 달라고 요청하면 정리한다.

손님 역시 일하는 사람들을 배려해야 한다. 계산서를 가져다줄 때까지 잠자코 기다리는 것이다. 우리나라처럼 식사를 마치고 계산대로 가서 바로 계산을 할 수 있는 곳도 있지만 영국에서는 대부분 자리에서 계산서를 가져다줄 때까지 기다렸다가 계산서를 받고 난 후 테이블에서 계산한다.

■ V 사인은 조심스럽게

영국에 가면 아주 조심해야 할 행동이 있다. 바로 우리가 사진을 찍을 때 흔히 손가락으로 V자를 만드는 행동이다. 손등을 상대방을 향한 채 V자를 만들면 영국인에게 아주 모욕적인 행위로 보일 수 있다. 그러므로 식당 등에서 음료를 두 잔 주문하며 손으로 V자를 만들 때 상대방 쪽으로 손바닥이 보여야지 손등을 보여선

안 된다. 내게 영어를 배운 한 학생이 런던 펍에서 있었던 일을 이야기 해주었다. 그 학생은 맥주를 두 잔 시키려다 무심코 V자를 만들었는데 바텐더에게 욕을 듣고 주먹질까지 당할 뻔했다고 했다. 내 설명을 듣기 전에는 자신이 왜 그런 일을 당했는지를 몰랐는데 그제야 그 억울함이 풀렸다고 했다.

영국인이 얼마나 이 사인에 민감하냐면 스코틀랜드 축구선수 배리 퍼거슨과 앨런 맥그레거는 2009년 아이슬란드와의 경기 중 벤치에서 이 V 사인을 보였다가 스코틀랜드 국가대표팀으로부터 영구 퇴출되었다. 이 사인이 이정도로 미움받는 이유는 무엇일까. 먼저 V사인은 굉장히 모욕적인 행위인 가운뎃손가락을 드는 것과 비슷하게 보여서 불쾌감을 일으킨다. 또 다른 설중 하나는 역사적인 근거는 없지만 백년전쟁과 관련 있다. 당시 프랑스군은 포로로 붙잡힌 영국사수 두 명의 두 번째, 세 번째 손가락을 다시는 활을 쏠 수 없도록 잘랐다고 한다. 이 사건 이후 V사인은 적을 향한 저항의 의미로 여겨지게 되었다고 한다.

■ 영국인에게 해서는 안 될 질문들

추석, 설날 등 온 가족이 모이는 중요한 날마다 여행을 떠나는 사람들로 공항이 붐빈다고 한다. 그중에 꽤 많은 사람들이 아마도 '결혼 언제 해?', '돈은 좀 모아놨어?' 등등 불편한 말들을 어른들에게 듣기 싫어서 떠나는 걸 수도 있다. 그런데 영국에서는 이런 질문을 피해야 한다. 사생활을 중시하는 영국인에게 사사로이 간섭하는 듯한 질문은 결코 반갑지 않다. 특히 영국인에게 절대 해서는 안 되는 질문이 있다.

첫째, 결혼 및 이성 친구에 간섭하는 질문이다. 얼마 전 오래된 친구에게 문자 연락이 왔다. 첫 문장은 '잘 지내?', 두 번째 문장은 '근데 너 결혼 안 해?'였다. 이렇게 우리 문화에서는 가족이나 친한 친구가 결혼이나 이성 친구에 관한 질문을 쉽게 하는 편이다. 영화 「브리짓 존스의 다이어리」 등을 통해서도 알 수 있듯 영국에서도 가족들끼리 이런 질문들을 당연히 할 수 있다. 하지만 결혼하라는 가족의 성화에 주인공 브리짓은 지쳐간다. 그러니 다른 사람을 힘들게 하는 결혼 및 이성 친구 관련 질문은 마음속에만 담아두자.

둘째, 나이에 관한 질문이다. 영국인에게 나이를 묻는 것, 또는 나이에 대한 편견을 드러내는 것은 실례다. 나이로 선후배 또는 상하관계가 결정되는 우리나라에서는 특히 나이에 관한 편견 가득한 말이 많다. 하지만 잘못된 생각이자 행동이다. 나이로 관계가 성립되고, 나이로 한 사람의 가치가 규정되는 일은 빨리 없어져야 할 문화라고 생각한다.

셋째, 외모에 관한 질문이다. 만약 오버사이즈 재킷에 통이 큰 바지를 입고 집을 나섰다고 하자. 우리나라라면 '아빠 옷 빌려 입었니?', '왜 몸뻬 입고 나왔어?', '옷 하나 새로 사 입어야겠다.' 등 누군가의 생각 없는 말을 들을 가능성이 높다. 그렇다면 영국에서는 어떨까. 정답은 '반응이 없다'이다. 아무도 남의 옷이나 헤어스타일, 메이크업에 대해 코멘트를 하지 않는다. 심지어 머리를 며칠 감지 않아도, 소매가 다 헤진 코트를 걸쳐도, 헐렁한 바지나 딱 붙는 레깅스를 입어도 마찬가지다.

특히 상대방에게 살이 쪘느니 빠졌느니, 얼굴이 부었느니 하는 외모를 평가하는 발언은 정말 피해야 한다. 한번은 어느 부부를 만났는데 부인이 날씬하길래 칭찬의 의미로 'She's very skinny(아내 분이 정말 말랐네요).'라고 했더니 그 말을 남편 분이 'I would say slim(말랐다기보단 날씬하죠).'이라고 고쳐주었다. 우리가 흔히 사용하는 skinny는 그들의 귀에 칭찬이 아니었고 더군다나 깡말랐다는 뜻이었던 것이다. 영국은 개개인의 개성이 존중되는 곳이다. 얼굴이나 몸매에 대한 언급은 불쾌하게 들릴 수 있으니 조심해야 한다.

CHAPTER 6.

영국의 얼굴, 로열패밀리

1. 영국 왕실을 알면 영국이 보인다

영국에는 영국인을 통치(rule)하지 않되 군림(reign)하는[1] 로열패밀리가 있다. 아직까지 군주제를 유지할 뿐만 아니라 로열패밀리가 국민의 전폭적인 지지를 받는 것 또한 영국의 신기한 점이다. 실제로 영국 국민의 80퍼센트 이상이 군주제를 지지한다고 한다.

　로열패밀리의 인기는 여왕의 생일과 같은 행사만 보아도 쉽게 알 수 있다. 2012년 엘리자베스 2세의 취임 60주년을 기념하는 다이아몬드 쥬빌리(Diamond Jubilee) 콘서트에는 톰 존스, 엘튼 존, 폴 매카트니 등 자국의 가장 유명한 가수들은 물론 영연방 국가인 호주 출신의 카일리 미노그까지 무대에 올라 축하 공연을 했다. 당시 나는 논문을 쓰고 있던 기간이라 아쉽게도 행사에는 가지 못했지만 런던 전역에서 축제 분위기를 느낄 수 있었다.

　영국에서는 로열패밀리가 문화예술계에 미치는 영향력을 절대 간과할 수 없다. 이들을 주제로 셀 수 없이 많은 드라마와 영화, 예술 작품, 관광 상품 등이 매년 쏟아져 나온다. 런던의 주요 관광지에 줄지어 있는 상점들에는 로열패밀리 멤버들의 얼굴이 그려진 가면부터 포스터, 컵, 가방, 담요 등 제품만으로도 집 전체를 꾸밀 수 있을 정도로 온갖 종류의 상품이 즐비하다.

　예전에 어떤 뉴스를 보았는데, 아무리 왕실을 유지하기 위해 쓰이는 돈이 많다 하더라도 로열패밀리가 벌어들이는 돈이 더 많기에 국민의 지지와 신임을 받는다는 흥미로운 내용이었다. 런던을 방문하는 관광객이라면 필수로 버킹엄 궁전

1　빅토리아 여왕이 한 말로 원래는 '군림하되 통치하지 않는다.'이다.

에 들르기 마련인데 명성에 걸맞게 그곳은 인파가 끊이지 않는다. 또한 많은 영국인이 왕세손비 케이트 미들턴의 동생인 피파 미들턴이 어떤 가방을 들고 파티에 갔는지, 조지 왕자가 오늘은 어떤 아이스크림을 먹었는지 등 사소한 것들도 알고 싶어 하고 열광한다. 그만큼 왕실은 영국에서 대단한 상품 가치를 가진 유일무이한 존재다. 더군다나 로열패밀리는 전 세계에 영국을 고상하고 세련되며 정통적인 이미지로 보여주는 역할을 하기에 전혀 부족함이 없다.

2. 영국 왕실의 최신 역사

영국 왕실에는 새로운 일이 끊임없이 일어나고 있다. 가장 두드러지는 일은 엘리자베스 2세의 서거다. 남편인 필립공이 2021년 먼저 세상을 떠나고 약 1년 뒤인 2022년, 엘리자베스 2세는 1952년 즉위해 70년이라는 최장기간 동안 재위하다 96세의 나이로 세상을 떠났다. 그리고 역시 70년이라는 최장기간 웨일스 공으로 왕세자의 자리를 지키던 찰스가 찰스 3세로 즉위하며 영연방 15개국의 군주가 되었다. 최근 BBC에는 찰스 3세의 인기가 엘리자베스 2세의 인기에 훨씬 못 미치고 호주나 캐나다 같은 나라에서는 군주제에 대한 관심조차 없기 때문에 군주제가 언제까지 유지될 수 있을지 회의감을 표하는 기사가 올라왔다. 앞으로도 많은 변화가 예고되는 부분이다.

해리 왕자와 결혼해 서식스 공작부인(Duchess of Sussex)이 된 메건 마클은 평민 출신으로 화제를 몰고 왔던 동서 케이트 미들턴보다 훨씬 더 많은 이슈를 불러왔다. 영국인이 아닌 미국인이라는 점, 흑인과 백인이 섞인 혼혈이라는 점, 한 번 결혼한 적이 있다는 점, 배우 출신이라는 점 등 요즘에는 별로 유별나지 않은 이력이지만 전통 깊은 영국 왕실의 새 일원으로서는 매우 파격적이기 때문이었는데 최근에 이보다 더 이슈가 된 사건은 왕실로부터의 독립이다. 부부는 일방적으로 독립을 선언해 많은 이들이 충격을 받았고 무엇보다 이후 왕실의 경제적 지원이 끊기면서 다수 매체에서 왕실에 대한 공격적인 발언과 폭로를 이어가 많은 이들의 비난을 받았다. 해리 왕자는 자서전 〈스페어(Spare)〉를 발간했는데 알려진 내용만 보면 이래도 되나 싶은 자극적인 내용들이 잔뜩 실려 있지만 그의 입장에서 어떤 삶을 살았는지 우리는 알지 못하기에 함부로 판단할 순 없을 것 같다. 여론의 반응은 첨예하게 갈리는데 논란의 여지가 있는 내용들로 가득해서인지 백만 권 이상 팔렸다고 한다.

이런 모습을 보면 시대가 바뀌면서 그토록 고지식하고 보수적이게만 보이던 영국왕실이 젊은 세대들에 의해 과감해져 간다고 생각할 수 있지만 사실 왕실일원들의 파격적인 행보는 이미 윗세대들에 의해 이루어졌다. 그 시절엔 단지 지금처럼 인터넷이 발달하지 않아 화제가 덜 되었을 뿐이다.

에드워드 8세 왕위를 포기하고 윈저공이 되다

엘리자베스 2세가 스물다섯, 너무도 어린 나이에 갑자기 군주가 된 배경에는 얽히고설킨 이야기가 있다. 그녀의 아버지인 조지 6세의 이야기는 영화 「킹스 스피치」를 통해 대중에게 많이 알려졌는데 조지 6세가 왕위를 이어받은 사연은 할리우드 영화 못지않게 스펙터클하다. 엘리자베스 2세의 할아버지인 조지 5세는 장남 데이빗과 알버트, 두 아들을 포함한 여섯 자녀를 남기고 1936년 별세한다. 첫째 아들이었던 웨일스공 데이빗은 왕위를 승계하면서 에드워드 8세가 되지만 얼마 되지 않아 미국인 월리스 심슨과 사랑에 빠져 결혼하고 싶어 했다. 당시 심슨은 아직 이혼 소송이 끝나지 않은 유부녀였고, 이혼 경력마저 있었기에 왕실뿐 아니라 의회에서까지 두 사람의 결혼을 반대했다. 결국 에드워드 8세는 사랑하는 여인을 위해 왕위에서 물러나는 엄청난 결단을 내리고 대신 윈저공 작위를 받으며 심슨과 그토록 원했던 결혼에 골인한다. 당시 국력이 어마어마했던 영국이라는 나라의 왕을 포기하고 사랑을 선택한 이 일화는 세기의 로맨스 또는 스캔들이라 불렸다.

그도 그럴 것이 윈저 공은 아주 미남이었다. 그의 여성 편력은 유명했고 유부녀들과의 관계를 즐긴다는 소문이 자자했다. 그러나 월리스 심슨과 어렵게 사랑의 결실을 맺은 다음에는 프랑스에 거주하며 상류 사회의 일원으로 여행을 다니며 자유롭고 럭셔리한 삶을 즐겼다고 한다. 윈저공은 1972년 파리에서 세상을 떠날 때까지 35년간 그녀와 함께했다. 영국 왕실 이야기를 사실적으로 그려내 호평을 받은 넷플릭스 드라마 「더 크라운」과 영화 「킹스 스피치」에서도 윈저공 이야기를 접할 수 있는데 극중에서 그는 이기적이고 도덕성과 책임감이 결여된 사람으로 그려진다.

영국 왕실의 위험한 사랑들

영국 로열패밀리의 사랑과 연애에 관한 흥미로운 사실들은 이외에도 많다. 윈저 공의 조카이자 엘리자베스 2세의 동생인 스노든 백작부인 마거릿 역시 가정이 있던 캡틴 타운센드와의 비밀 연애를 즐겼다. 이 둘 역시 금지된 사랑이었기에 주변의 만류와 반대로 결국 헤어졌다. 이뿐만이 아니다. 마거릿의 조카이자 엘리자베스 2세의 아들인 찰스 왕세자와 기혼자였던 카밀라 파커 볼스와의 끈질긴 사랑은 전 세계적으로 이미 훤히 알려져 있다. 대중의 비판과 조소에도 결국 두 사람은 결혼해 모두에게 인정받는 금실 좋은 부부가 되었으니 윈저 공과 비슷한 러브스토리다.

이처럼 영국 왕실 멤버들과 기혼자들과의 인연은 유독 질기다. 최근 케이트 미들턴이 셋째를 임신한 기간에는 남편인 윌리엄 왕세손의 불륜설이 떠올랐는데 왕실에서는 별다른 입장을 내놓지 않아 의혹을 증폭시켰다. 어쩌면 로열패밀리라는 지위 때문에 많은 제약을 받기에 반항심이 발휘되어 비슷한 사건이 반복되는 것일 수도 있다. 로열패밀리의 일원으로 사는 건 우리가 생각하는 것보다 훨씬 더 구속된, 지루한 삶일지 모른다.

조지 6세 그리고 엘리자베스 2세

다시 조지 6세의 이야기로 돌아오면, 형의 자기 본위적인 순정 덕에 조지 5세의 또 다른 아들인 알버트는 1937년 형의 자리를 이어 대관식을 치르고 아버지의 이름을 따 조지 6세로 영국의 왕이 된다. 소심하고 심약한 성격과 말을 더듬는 콤플렉스를 갖고 있던 그는 스트레스와 부담감으로 생전 담배를 손에서 놓지 않았다. 다행히 조지 6세는 왕비인 엘리자베스 보우스라이언(Elizabeth Bowes-Lyon)의 성실한 내조로 콤플렉스를 극복하고 엘리자베스와 마거릿이라는 든든한 두 딸의 자상한 아버지가 된다. 2차 세계대전 중 잠시 피신해 있으라는 처칠의 조언에도 불구하고 조지 6세는 버킹엄 궁전에 머물며 전쟁이라는 어두운 시기를 국민과 함께 이겨내는 등 안정적인 치세를 했지만 정신적 압박감과 과도한 스트레스, 오래된 흡연 습관으로 인해 건강이 악화되면서 57세라는 젊은 나이에 폐암으로 세상을 떠난다.

갑작스런 아버지의 죽음으로 당시 필립왕자와 결혼한 지 얼마 되지 않았던 첫째 딸 엘리자베스는 해외 순방 도중 고국으로 돌아와 1953년 웨스트민스터 성당에서 대관식을 올리고 왕위에 오른다. 엘리자베스는 여왕이 되면서 엘리자베스 2세가 되었고, 남편 필립은 자기 가문의 이름인 마운트배튼(Mountbatten)을 버리고 왕가의 성인 윈저(Windsor)를 따르게 된다. 노블레스 오블리주를 실천한 훌륭한 군주였던 아버지의 피를 이어받은 엘리자베스 2세는 영국 국민들의 사랑과 신뢰를 받으며 반세기 이상 영국의 수장 자리를 지켰다.

헷갈리는 영국 왕족의 이름과 호칭

영국의 왕들은 같은 이름이 많다. 에드워드(Edward)와 헨리(Henry)라는 이름의 왕은 여덟 명, 조지(George)는 여섯 명, 윌리엄(William)은 네 명이 있었다. 선대의 왕과 같은 이름을 붙일 때는 그 이름이 몇 번째인지에 따라 순서대로 1세, 2세 등의 서수가 이름 뒤에 붙는다. 즉 에드워드 6세는 에드워드라는 이름의 왕 가운데 여섯 번째 왕이다. 그런데 비슷한 이름들이 많아서 왕들을 제대로 기억하기란 쉽지 않은 일이다.

영국 왕족은 대부분 세례명에서 이름을 따온다. 그리고 왕이나 여왕이 되면 어릴 적부터 쓰던 이름은 버리고 왕명을 새로 정하는데 세례명을 쓰거나 예전 왕의 업적을 기리고자 그 이름을 따오거나 한다. 왕족은 대부분 미들네임이 세네 개여서 그중에 하나를 골라서 쓰기도 한다. 예를 들어 엘리자베스여왕의 아들인 찰스 왕세자는 풀네임이 Charles Philip Arthur George다. 2022년 9월 찰스가 즉

위하면서 찰스 3세가 되었는데 1660년부터 1685년까지 재위한 찰스 2세 이후 337년 만에 찰스라는 이름이 다시 왕좌에 올랐다.

왕명과 함께 헷갈리고 복잡한 것이 바로 칭호(title)다. 여왕의 칭호는 두 가지가 있다. 나라를 통치하는 여왕은 queen regnant, 왕의 배우자인 여왕은 queen consort다. 왕의 어머니 역시 queen이라는 단어를 써 queen mother라고 부르기도 한다. 여왕의 배우자는 king이 아닌 prince consort라고 불린다. 군주 다음의 서열을 가진 이들에게는 공작의 지위가 주어져 공작(duke)과 공작부인(duchess)의 칭호가 따른다. 윌리엄 왕자는 캠브리지 공(Duke of Cambridge)이고 케이트 미들턴 왕세손비는 캠브리지 공작부인(Duchess of Cambridge)이다. 공식적으로 왕세자(Prince of Wales)의 부인에게는 영국 왕세자비(Princess of Wales)의 칭호가 붙지만 찰스 왕세자의 부인인 카밀라 파커볼스는 그 칭호를 받지 못하고 콘월 공작부인(Duchess of Cornwall)으로 불렸다. 찰스 왕세자가 왕이 된다고 해도 카밀라는 왕비의 정식칭호인 queen consort가 될 수 없고 그보다 한 단계 격이 낮은 princess consort가 된다고 공식적으로 알려져 있었지만 2022년, 재위 70주년을 기념하는 플래티넘 주빌리 메시지로 엘리자베스 2세가 찰스가 왕이 될 경우 카밀라를 queen consort로 불러달라고 부탁하며 드디어 찰스의 부인으로 공식적으로 인정받아 현재 queen consort가 되었다. 영국 왕실 역사상 가장 최근에 영국 왕세자비 칭호를 받은 사람은 작고한 다이애나 비였는데 찰스가 왕이 되며 케이트 미들턴이 이 칭호를 물려받았다.

로열패밀리를 지칭할 때에는 3인칭으로 지칭한다. 예를 들어 'What will you do?(어떻게 하시겠습니까?)'가 아니라 'What will Your Majesty do(폐하는 어떻게 하시겠습니까)?'다. 군주, 즉 여왕 또는 왕에게 쓰는 존칭인 Your Majesty(폐하)와 그 외 모든 왕실의 일원들에게 쓰는 Your Royal Highness(전하)는 윈저 공의 부인이었던 월리스 심슨에게는 주어지지 않았으며 Your Royal Highness와 비슷한 뜻이지만 그보다 한 단계 격이 낮은 Your Grace라는 칭호가 주어졌다. 이 또한 왕실을 향한 윈저 공의 불만을 키우는 데 한몫했다. 이에 비해 카밀라 파커볼스는 웨일스 공인 찰스와 결혼했을 때 Her Royal Highness(전하) 칭호를 받았다. 이렇게 영국 왕실의 이름과 칭호는 그들의 개인사만큼이나 복잡하다.

3. 영화, 드라마에 비친 영국 왕 이야기

영국의 왕실의 상품으로서의 가치는 대단하다. 책, 그림, 엽서 등 관련 상품이 아주 많다. 그만큼 로열패밀리의 수입 역시 아주 짭짤할 것으로 예상된다. 이들은 드라마나 영화 같은 미디어의 좋은 소재가 되기도 한다. 영국 영어를 공부하려는 사람에게 영국의 군주제나 왕족의 이야기를 다룬 영화라면 가리지 않고 최대한 많이 보라고 추천하고 싶다. 작품 완성도가 높을 뿐더러 동시에 복잡한 영국사와 왕족의 족보 또한 자연스럽게 습득할 수 있기 때문이다. 최대한 이해를 돕고자 연대기 순으로 정리했다.

튜더스(The Tudors)(2007~2010)

왕비의 시중을 들던 시녀와 가정 교사를 포함해 총 여섯 명의 여성과 결혼하고, 그중 두 명을 처형한 그 유명한 헨리 8세(Henry VII, 1491~1547) 이야기를 다룬 시리즈다. 한 가지 흠이라면 헨리 8세 역을 너무나도 잘생긴 배우 조나단 리스 마이어스가 연기해 그의 악행에 몰입이 잘 안 된다는 점이다. 헨리 8세는 젊은 시절 털털한 성격과 준수한 외모로 남녀 모두에게 인기가 아주 많았다고 기록되어 있는데 남아 있는 그의 초상화만으로는 확실하게 확인하긴 어렵지만 아마 헨리 8세가 좋은 것들만 너무 많이 먹은 탓에 나잇살이 붙으면서 역변한 게 아닐까 생각된다. 이 작품을 통해 가톨릭을 등지면서까지 왕비인 아라곤의 캐서린(Catherin of Aragon)과 이혼을 감행했던 이유부터 겉으로는 허랑방탕해 보이지만 실은 스포츠를 사랑하고 호탕하고도 결단력 있던 헨리 8세의 인간적인 면모를 접할 수 있다. 엘리자베스 1세 여왕의 생모로, 부군인 헨리 8세에 의해 처형을 당한 기구한 운명의 앤 불린(Anne Boleyn) 역을 맡은 나탈리 도머와 고고하고 품위 있는 아라곤의 캐서린을 연기한 마리아 도일 케네디는 이 드라마를 더욱 돋보이게 만드는 인물들이다.

천일의 스캔들(The Other Boleyn Girl) (2008)

역시 헨리 8세와 왕비 앤 불린의 이야기다. 드라마 〈튜더스〉와 다른 점은 그런데 영어 원제목이 말하듯 앤이 아닌 '또 다른 불린인 그녀의 자매 메리 불린'을 중심으로 이야기가 전개된다. 에릭 바나, 나탈리 포트만, 스칼렛 요한슨 등 캐스트가 쟁쟁하다. 잠깐이지만 베네딕트 컴버배치도 나오고 심지어 에디 레드메인이 아주 작은 역할로 나온다. 불행한 최후를 맞는 앤 불린으로 변한 나탈리 포트만의 연기가 눈부시다. 많은 부분 픽션이 가미되었지만 메리 불린은 실제 헨리 8세의 정부 중 하나였고 중추적인 내용은 모두 사실을 기반으로 한다. 권력과 야망에 눈먼 이들의 최후를 볼 수 있고 아무리 비극적인 일을 겪을지라도 끝이 좋으면 다 좋다는 의미의 all is well that ends well이라는 격언이 떠오르는 결말이다.

골든 에이지(Elizabeth: The Golden Age)(2007)

1998년 호주 출신의 배우 케이트 블란쳇이 엘리자베스 1세(1533~1603)를 연기했다. 그리고 9년 뒤인 2007년, 똑같은 배우가 똑같은 역할로, 그리고 똑같은 감독이 엘리자베스 1세의 삶을 두 번째로 세상에 내놓았다. 영국 미디어가 워낙 사실적이기 때문에 마마 자국으로 가득한 얼굴에 썩은 치아와 매부리코를 가졌던 엘리자베스 1세를 예쁘게 그려낸 적은 거의 없었는데, 이 영화에서만큼은 누구보다도 아름다운 여신같이 등장한다. 가만
히 있어도 여신 카리스마를 풍기는 케이트 블란쳇의 영향이 크겠지만 말이다. 이 작품은 엘리자베스 1세의 삶을 흠잡을 데 없는 신화같이 묘사했다는 비난은 피할 수 없었지만 그럼에도 불구하고 엘리자베스 1세의 전기 중 명작으로 남았다. 엘리자베스 1세와 죽음의 순간까지 숙명의 라이벌이었던 스코틀랜드 여왕 메리 스튜어트를 훌륭히 연기한 사만다 모튼의 모습도 인상적이다.

메리 퀸 오브 스코츠(Mary, Queen of Scots)(2018)

아일랜드 배우 시얼샤 로넌이 스코틀랜드의 여왕 메리(1542~1587) 역을, 호주 배우 마고 로비가 엘리자베스 1세역을 맡아 두 인물의 라이벌 관계와 질투, 욕망 등이 그려진 영화다. 엘리자베스 1
세의 모습을 현실적으로 나타내기 위해 피부와 얼굴에 과감한 분장을 한 마고 로비의 변신이 놀랍다. 영국역사가이자 전기 작가인 존 가이의 책 『My Heart is My Own: The Life of Mary Queen of Scots』(2004)를 원작으로 한 영화로 잘 알려지지 않은 두 여왕의 사적인 이야기와 결혼을 둘러싼 권력싸움, 메리여왕의 비극적인 삶이 세밀하게 표현 됐다. 항상 악하게만 그려지던 메리 여왕의 인간적인 면모까지 담아냈는데 메리 여왕을 긍정적으로만 그렸다는 비판이 일었다.

영 빅토리아(The Young Victoria)(2009)

대영제국의 최전성기인 빅토리아 시대를 일구어낸 빅토리아 여왕(1819~1901)은 남편인 알버트 공(1819~1861)과의 금슬이 아주 좋았다고 잘 알려져 있다. 21년간의 결혼 생활 중에 자녀를 무려 아홉 명이나 낳았다. 이 영화는 제목처럼 빅토리아 여왕의 젊은 시절에 초점을 맞췄는데 특히 빅토리아 여왕과 알버트 공의 사랑 이야기를 자세히 다룬다. 에밀리 블런트가 빅토리아 여왕을, 루퍼트 프렌드가 알버트 공을 연기했다. 영원히 사랑할 것 같던 빅토리아 여왕 부부는 알버트 공이 장티푸스로 42세라는 젊은 나이에 사망하는 불행을 겪는다. 이후 빅토리아 여왕은 죽는 날까지 알버트 공을 기억하기 위해 매일 밤 그의 옷을 꺼내놓게 했다고 한다. 알버트 공은 1851년 만국박람회(The Great Exhibition)를 여는 등 과학과 예술 분야에 관심과 지원을 아끼지 않았는데 이는 당대에 문화가 꽃을 피운 밑거름이 되었다. 빅토리아 여왕은 알버트 공을 기리기 위해 1899년 사우스켄징턴뮤지엄(South Kensington Museum)의 이름을 빅토리아앤드알버트뮤지엄(Victoria & Albert Museum)으로 바꾸었다. 이곳은 내가 런던에 살던 시절 각종 문화 시설 중에서 가장 재미있게 관람했을 만큼 매번 훌륭한 전시가 열리곤 했다.

킹스 스피치(The King's Speech)(2010)

영국 신사가 무엇인지 온몸으로 보여주는 배우 콜린 퍼스가 엘리자베스 2세의 아버지인 조지 6세(1895~1952) 역을 맡아 아카데미 주연상을 받은 작품이다. 조지 6세는 대부분의 미디어에서 가정적으로 그려지는데 이 작품에서도 역시 자상한 아빠이자 다정한 남편, 책임감 있는 군주의 모습으로 그려진다. 원래 소심한 성격에다 말을 더듬는 어려움이 있음에도 불구하고 엄청난 무게의 왕관을 짊어지고 꿋꿋하고 묵묵하게 어려움들을 이겨내는 모습을 볼 수 있다. 그런 왕을 사랑으로 보필하는 왕비 엘리자베스 보우스라이언은 헬레나 본햄 카터가 연기했다.

더 크라운(The Crown)(2016~)

2016년 첫 방영되어 여전히 큰 인기를 얻고 있는 넷플릭스 드라마다. 골든 글로브를 비롯해 유수한 시상식의 주요 상을 휩쓸었을 만큼 시청자뿐 아니라 평단의 호평까지 받았다.

엘리자베스 2세가 여왕으로서 겪은 고뇌를 중심으로 주변 인물들의 삶과 원저가 곳곳에서 일어났던 일들이 섬세하게 다뤄졌다. 이미 결혼 60주년이 지난 엘리자베스 2세와 남편인 필립공 부부의 갈등과 긴장, 엘리자베스 2세의 동생인 공주의 방황 등이 자세하게 묘사된다. 실제 인물들과 배우들의 모습이 너무 비슷해 놀라울 정도다. 모든 배우들의 연기가 훌륭하지만 특히 여왕의 남편이라는 지위와 필립 윈저라는 한 인간, 두 정체성 사이에서 갈등하는 젊은 시절의 필립 공을 연기한 맷 스미스의 연기가 기억에 남는다. 시즌 6에서는 다이애나비의 마지막 연인이었던 도디 파예드와의 관계와 죽음이 그려지는데 드라마에서 그려진 것처럼 도디 파예드의 아빠였던 모하메드 알 파예드가 둘의 관계를 조종했는지 궁금해 찾아봤더니 그 부분만큼은 전혀 사실이 아닌 완전한 픽션이라고 알 파예드의 최측근이 밝혔다. 시즌 6는 윌리엄 왕자와 케이트 미들턴의 이야기까지 다루며 여전히 최고의 인기를 누리고 있다. 다이애나의 젊은 시절 역할을 맡은 배우 엠마 코린은 2021년 골든글로브 TV 시리즈 부문 여우주연상을 받으며 영국 최고 스타 반열에 올랐다.

더 퀸(The Queen)(2006)

1997년 다이애나 왕세자비가 불의의 교통사고로 세상을 떠난 후 영국 왕실은 물론 영국 전역이 깊은 충격과 실의에 빠진다. 사고 직후 영국 왕실은 다이애나 비가 더 이상 왕실의 일원이 아니라는 이유로 공식적으로 어떠한 입장도 표명하지 않아 엘리자베스 2세는 국민들의 원성과 지탄을 받는다. 당시 왕실 내의 분위기와 대중에게는 알려지지 않았던 이야기들이 이 작품을 통해 밝혀진다. 영국의 국민 배우 헬렌 미렌이 연기한 엘리자베스 2세는 개인적인 감정을 공적으로 드러내면 안 되는 여왕의 고뇌와 내면을 절제된 연기로 잘 표현해 박수를 받았다. 재미있게도 「더 크라운」에서 에드워드 8세 역을 연기한 알렉스 제닝스가 「더 퀸」에서는 찰스 왕세자 역을 맡았다.

다이애나(Diana)(2013)

다이애나 비(1961~1997)에 대한 언급 없이 영국 왕실에 대해 이야기할 수 있을까 싶다. 최근 해리 왕자의 결혼으로 아이들을 극진히 사랑했던 어머니였던 다이애나 비에 대한 이야기들이 다시 회자되고 있다. 그녀의 삶은 드라마틱한 한 편의 영화와 같았다. 이 작품에서는 찰스 왕세자와의 이혼 뒤 외롭고 위선적이었던 결혼 생활에서 벗어나 자유로움을 한없이 만끽했던 시기의 생활과 외과의사 하스낫 칸과의 열렬한 로맨스부터 그와의 결별 후 행보, 그리고 아직까지도 갖가지 루머가 돌고 있는 그녀의 죽음에 이르기까지 이야기가 그려진다. 속박된 삶을 살았던 영국의 왕세자비가 아닌 자유분방하고 자애로우며 소탈한 인간 다이애나를 보여준다. 무엇보다도 다이애나 비를 연기한 배우 나오미 왓츠와 실제 다이애나 비와의 높은 싱크로율이 놀랍다.

PART 3.

문학과 성경으로 깊게 읽는 영국 영어

A Tale of Two Cities

'최고의 시절이자 최악의 시절이었다. 지혜의 시대이자 어리석음의 시대였고, 믿음의 세기이자 불신의 세기였다. 빛의 계절이면서도 어둠의 계절이었고, 희망의 봄이지만 절망의 겨울이기도 했다. 우리 앞에는 모든 것이 있었지만, 또 한편으론 아무것도 없었다.' 찰스 디킨스의 소설 『두 도시 이야기』의 강력한 첫 문단이다. 이 소설의 배경은 프랑스 혁명 당시 파리와 런던이다. 완전하게 상반된 조건과 환경에 놓여 있으면서도 톱니바퀴가 맞물리며 돌아가듯 공존한다. 소설 속, 한 도시가 안정적이고 풍요롭기 위해 다른 한 도시에서는 희생이 일어나야 한다. 불안정한 시대는 결코 두 도시가 평온하게 공존하도록 내버려두지 않는다. 두 도시의 인간들은 거미줄에 걸린 듯 허우적대며 살기 위해 몸부림친다. 그들이 상생하는 것은 이상이지 현실이 아니다.

2013년 2월 1일. 버티고 버티다 비자 만료 하루 전 한국으로 돌아오던 날, 나는 히드로공항에서 서럽게 울었다. 영국이 너무 좋아서 떠나기 싫어서였을지도 모르고 한국에 돌아간 후 앞으로 시작될 삶이 두려워서였을지도 모른다. 두 번이나 비행기를 갈아타느라 잠도 제대로 못 잔 채 녹초가 되어 인천공항에서 가족을 만났다. 어색한 인사를 나누고 그늘진 얼굴로 서울로 돌아왔다.

귀국 후 1년간의 서울 생활은 황량함 그 자체였다. 지금은 또다시 너무나 익숙해졌으나 서울의 편리함과 안정감이 당시에는 전혀 고맙게 느껴지지 않았다. 하루가 멀다 하고 새로 지어지는 판에 박힌 회색 빌라들이 보기 싫었고 길거리와 카페에서 끊임없이 재생되는 똑같은 유행가들이 듣기 싫었다. 그래서 나는 런던이라는 환상을 품고 하루하루를 살았다. 영국의 정취를 느끼기 위해 닥치는 대로 영국 드라마를 보고 영국 소설을 읽었는데, 영문과에 재학하던 대학 시절보다 또 영국에서 영어를 공부했을 때보다 더 열심이었다. 그러다 보니 영국의 거리를 묘사하는 글자들만 읽어도, 영국 액센트로 말하는 목소리만 들어도, 잠시나마 묵은 갈증이 해소되는 것을 느꼈다. 그때 동기부여가 학습에 주는 효과와 영향력을 몸소 체험했다.

내 마음속엔 두 가지 마음이 자라났다. 서울과 런던, 그 두 도시에 한 발씩 걸친 채 몸은 서울에, 마음은 런던에 체류하는 나날들을 보냈다.

Sir, when a man is tired of London, he is tired of life;
for there is in London all that life can afford.
— Samuel Johnson

선생님, 런던에 지친 사람은 삶에 지친 것입니다.
인생이 감당할 수 있는 모든 것이 런던에 있기 때문이죠.
— 새뮤얼 존슨, 문학가

CHAPTER 7.

영국을 대표하는
문학과 작가

1. 고전 영문학에서 길을 찾다

영국 소설가 진 리스(Jean Rhys)는 '독서는 우리 모두를 이주민으로 만든다. 집으로부터 우리를 떨어뜨려놓지만 또 모든 곳에서 집을 찾아준다(Reading makes immigrants of us all. It takes us away from home, but more important it finds homes for us everywhere).'라고 했다. 어릴 때부터 이사를 많이 다녀서 그런지 방랑벽이 있던 나는 독서의 이런 효과를 여실히 체험했다. 형편상 가족 여행을 다니지는 못했지만 대신 책을 통해 세계 곳곳을 여행한 것이다. 사실 고등학생 때까지 별 생각도, 열정도 없이 살았던 나는 원하던 음악대학 입시에서 떨어진 뒤 영어 책을 마음껏 읽을 수 있을 거라는 아주 단순한 이유로 영어영문학과에 진학했다.

그만큼 책 읽기는 나의 가장 오래된 취미이자 생각 많은 나를 완전히 매료시킨 몇 안 되는 것들 중 하나였다. 그렇게 대학에 입학해 처음 접한 작품들이 나다니엘 호손(Nathaniel Hawthorne)의 『주홍글씨(The Scarlet Letter)』, 버지니아 울프의 『댈러웨이 부인(Mrs. Dalloway)』, 윌리엄 포크너(William Faulkner)의 『로즈 포 에밀리(A Rose for Emily)』 등이다. 당시 이 소설들은 문학 작품을 하나의 숭고한 삶, 개인과 세계를 이어주는 매개체로 보게 해준 등불이었다. 마치 꼬마 루시가 낡은 옷장 문을 열고 나니아를 발견했을 때처럼 나는 영문학이라는 드넓은 우주에 발을 딛기 시작했다.

문학 작품을 직접 찾아서 즐겨 읽는 사람들이 얼마나 있을까? 영어 수업을 하면서 30~50대 학생들에게 어떤 책을 좋아하느냐고 물으면 90퍼센트 이상이 자기계발서, 유명인의 자서전, 재테크 관련 책이라고 대답한다. 그동안 가르쳤던 수백 명의 학생들 중 문학을 즐겨 읽는다고 한 경우는 다섯 손가락에 들 정도였다. 문학은 사치가 되어버렸기 때문일 것이다. 수백 장에 걸쳐 한 인물의 인생 또는 심리 상태를 섬세하게 옮겨놓은 빽빽한 글자들을 읽기에 우리의 하루는 너무나 짧고 세상은 우리보다 언제나 한 걸음 앞서 움직인다. 가만히 앉아 책을 읽고 있는 건 시간과 물질적인 여유가 충분히 주어진 사람에게나 가능한 것이 되고 말았다.

하지만 이런 상황에도 문학은 인류의 탈출구다. 살아가는 것인지 그저 살아지는 것인지 구분이 불가능한 세상에서 '살아가고 만들어가는 삶'을 한 번 더 각인시키고 경험하게 해준다. 인간의 감정을 해부하고 가장 수치스러운 부분까지도 건드리며 타인의 삶을 통해 내 삶을 돌아보고 또 내다볼 수 있게 해준다.

그렇게 독서를 통해 휴면 중이던 나와 주변 인물들, 사물들은 다시 움직이기 시작했다. 나는 고전 영문학을 통해 세상을 바라볼 수 있었고 그리워하던 영국을 다시 만날 수 있었다. 페이지를 가득 채운 글자들은 나를 전 세계를 떠돌아다니는 이주민으로 만들어줬고 또 그곳에서 나의 집을 찾아줬다.

2. 영문학을 빛낸 위대한 작가들

나는 작품 못지않게 그 작품을 창조한 작가의 삶에도 아주 관심이 많다. 그들이 몸으로 부딪히고 이겨낸 삶이 고스란히 작품에 반영되기 때문이다. 올더스 헉슬리같이 유복한 학자 집안에서 태어나 명문 교육을 받고 반듯하게 자라 천재성을 발휘한 작가가 있는가 하면, 조지 고든 바이런같이 불행한 가정사를 겪고 자유롭고 방탕한 생활을 하면서 예술성을 드러낸 작가도 있다. 조지프 콘래드처럼 선원 생활을 하다 선상에서의 삶을 기록하면서 작가로 전향해 영국을 대표하는 문학가가 된 경우도 있다. 예술가들의 삶은 외적으로나 내적으로나 치열하다. 그리고 치열한 만큼 대단한 작품들이 탄생한다.

수백 년 전 탄생한 문학 작품은 여전히 위대한 유산이다. 초서(Chaucer), 셰익스피어가 없다면 과연 영어가 왕실과 귀족들에게 막강한 영향력을 행사했던 프랑스어를 밀어내고 나아가 세계 공용어가 될 수 있었을까. 사실 영어의 기원인 앵글로색슨어를 쓰던 앵글족과 색슨족은 지금의 영국인처럼 고상하고 점잖지 않았다. 그런 조상에게서 비롯된 언어가 지금의 위상을 갖추게 된 것은 마치 무모한 성격의 다혈질 왕자에서 이스라엘 백성을 이집트에서 구출해내는 큰 과업을 이룬 성경 속 위대한 인물 모세의 변혁 과정과도 같다.

셰익스피어의 등장과 킹 제임스 성경의 발간을 계기로 영어는 그 숨은 가치를 드러낸다. 그리고 유수의 작가들이 영어로 집필한 문학 작품들을 통해 영국의 역사와 개성, 고유의 이야기가 전해지기 시작했다.

이제부터 16세기의 윌리엄 셰익스피어에서 21세기의 가즈오 이시구로까지, 개인적으로 사랑하는 여러 작가들을 소개하려 한다. 참고로 1801년부터 1922년까지는 아일랜드가 영국의 일부였기 때문에 아일랜드 작가인 제임스 조이스도 포함했다.

윌리엄 셰익스피어(William Shakespeare)(1564~1616)

셰익스피어의 등장은 영어가 문학적으로도 큰 가치를 지닌 언어임을 세상에 알리는 계기였다. 아직 귀족 사회와 정부 기관에서는 프랑스어가 지배적으로 사용되고 영어는 서민이 구어로서 쓰고 있던 시대였다. 이때 셰익스피어는 사람들을 단숨에 사로잡는 이야기와 더불어 수려하고 천재적인 언어유희로 영어의 새로운 가능성을 보여주었다. 수많은 영단어들을 직

접 만들어내기도 했는데 그 말들은 여전히 일상생활에서 쓰이고 있다.

그런데 셰익스피어의 실존 여부는 아직도 의견이 분분하다. 가상인물이라는 설에서부터 사실은 여러 명의 작가 집단이었다는 설까지, 한 사람이 이룬 업적이라기엔 너무 대단하기에 수많은 설이 돌고 돈다. 실제 셰익스피어가 쓴 작품들의 양을 보면 아무리 전업 작가였다 해도 과연 가능한 걸까 하는 의구심이 든다. 게다가 역사 지식까지 완벽히 숙지해야 쓸 수 있는 작품들도 있어서 그 같은 의구심을 더욱 부채질한다.

셰익스피어가 희대의 천재였건 아니면 후대 사람들이 꾸며낸 인물이건 그의 작품들로 인해 영어의 기초가 세워졌고 현대인들이 풍요로운 문화 생활을 즐길 수 있게 된 것은 엄연한 사실이다. 바로 그를 존경하고 우러러볼 수밖에 없는 이유다.

대표작: 『로미오와 줄리엣(Romeo and Juliet)』(1597), 『한여름 밤의 꿈(A Midsummer Night's Dream)』(1600), 『베니스의 상인(The Merchant of Venice)』(1600), 『오셀로(Othelo)』(1622), 『맥베스(Macbeth)』(1623), 『템페스트(The Tempest)』(1723)

존 번연(John Bunyan)(1628~1688)

어릴 때 교회 주일학교를 다녀본 사람이라면 만화로 된 『천로역정』을 한번쯤은 읽어 봤을 것이다. 이 작품 하나로 번연은 시대를 초월한 명작을 집필한 작가가 되었다. 어릴 적 아버지로부터 땜장이 기술을 배우기도 한 번연은 16살이 되던 해 영국군으로 입대한다. 3년의 군복무 후 고향으로 돌아온 그는 결혼을 하는데 당시 독실한 기독교 신자였던 아내가 『Plain Man's Pathway to Heaven(평범한 사람의 천국으로 가는 길)』, 『Practice of Piety(경건의 훈련)』 이렇게 두 권의 기독교 서적을 갖고 왔다고 한다. 번연이 이 책들로 인해 기독교로 회심했다고 하는 이들도 있을 정도로 번연의 신앙생활엔 아내의 영향이 컸다.

번연은 예수 그리스도를 영접한 뒤 설교자로 활동하게 되는데 당시 영국의 국교였던 성공회 신자가 아닌 비국교도(nonconformist)라는 이유로 체포된다. 무려 12년간 감옥에서 생활하면서 그는 다수의 작품을 집필한다. 위대한 인물에게는 시련이 끊임없이 찾아오는 법인지 석방된 지 6년 후에 또다시 감옥에 갇히고 이 시기에 그 유명한 『천로역정』을 완성한다. 천국을 향한 험난한 여정을 떠나는 크리스천의 삶을 우화적으로 묘사한 이 책은 120개의 언어로 번역되어 전 세계로 퍼져나갔다.

대표작: 『천로역정(The Pilgrim's Progress)』(1678), 『거룩한 전쟁(The Holy War)』(1682), 『죄인 괴수에게 넘치는 은혜(Grace Abounding to the Chief of Sinners)』(1666)

윌리엄 워즈워스(William Wordsworth)(1770~1850)

영국의 낭만주의 문학에서 첫 번째로 거론되는 인물인 윌리엄 워즈워스는 영국인이 정말 사랑하고 아끼는 시인이다. 사실 나는 시를 소설만큼 즐겨 읽지 않아서 워즈워스에 대해 거론할 자격이 부족하지만 영문학에서 워즈워스를 제외하는 것은 영국 음식을 얘기하며 피쉬 앤드 칩스를 빼는 것과 같기에 소개하게 되었다. 워즈워스는 자연과 일상, 평범한 사물들을 주제로 한 아름다운 서정시들로 잘 알려져 있다. 낭만주의 문학의 문을 연 작품이라고 할 수 있는 『서정 가요집』을 영국의 또 다른 대표 시인 콜리지(Samuel Taylor Coleridge)와 함께 내기도 했다. 위대한 두 시인의 협업으로 탄생한 이 시집은 영국 낭만주의 시대의 시작을 알리는 중요한 작품으로 여겨진다. 1834년 영국 왕실은 워즈워스에게 계관시인(poet laureate)이라는 영국에서 가장 명예로운 시인의 칭호를 수여했다.

대표작: 『서정 가요집(Lyrical Ballads)』(1798), 『두 권의 시집(Poems in Two Volumes)』(1807), 『서곡(The Prelude)』(1850)

제인 오스틴(Jane Austen)(1775~1817)

문학에 전혀 관심이 없는 사람이라 할지라도 『오만과 편견』은 들어본 적이 있을 것이다. 제인 오스틴이 죽은 지 200년이 지났지만 아직까지도 전 세계는 제인 오스틴 열풍이다. 2017년 영국에서는 제인 오스틴 타계 200주년을 기념해 그녀의 초상이 새겨진 10파운드 지폐가 발행되기도 했다.

제인 오스틴의 작품에서 여자 주인공들은 대부분 자아가 강하고 독립적인 성격으로 가정 안에서 억압받는 삶을 살다가 결혼을 통해 사랑과 자유를 찾고 억압에서 해방된다. 21세기 페미니스트들이 보기엔 수용하고 싶지 않은 결말일 수도 있겠지만 당시의 상황을 고려하면 그 시대 여성에게는 이보다 더 통쾌하고 유쾌한 결말은 없었을 것이다. 여성이 펜을 잡는 것조차 숨겨야 했던 18세기에 이만큼 진취적인 내용을 생각해내고 짜임새 있게 글로 옮겼다는 것 자체가 굉장한 업적이다. 영국 문학의 위엄을 굳건히 지키는 남자 문호가 셰익스피어라면 여자 문호는 단연 제인 오스틴이다.

대표작: 『이성과 감성(Sense and Sensibility)』(1811), 『오만과 편견(Pride and Prejudice)』(1813), 『설득(Persuasion)』(1817)

메리 셸리(Mary Shelley)(1797~1851)

소설 『프랑켄슈타인』은 자신이 만들어낸 추악한 존재를 버린 인간과 그 주인으로부터 사랑과 애정을 갈구하다가 결국엔 복수를 맹세하는 괴물의 대결 구도를 중심으로 한 특이한 구성의 소설이다. 흡입력이 대단해서 일단 읽기 시작하면 좀처럼 손에서 내려놓기가 어렵다.

이 작품의 저자 메리 셸리는 역시 작가로 활동하던 퍼시 비시 셸리(Percy Bysshe Shelley, 1792~1822)의 아내이기도 했다. 그녀는 이미 부인이 있었던 퍼시 비시 셸리와 사랑의 도피를 떠난 일로 유명하다. 그때 스위스 제네바에서 당대 괴짜이자 천재로 불리던 시인 조지 고든 바이런(George Gordon Byron, 1788~1824)과 친목을 도모하게 되는데 어느 날 밤, 무료하던 시간을 보내기 위해 바이런이 각자 괴기 소설을 하나씩 쓰자고 제안했던 것이 소설 『프랑켄슈타인』의 시작이 되었다. 이 놀라운 작품이 탄생된 이날의 이야기를 담은 영화도 몇 편 제작되었다. 한편 메리 셸리의 남편 퍼시 비시 셸리는 1822년 항해 도중 배가 침몰하여 익사하고 만다.

대표작: 『프랑켄슈타인(Frankenstein)』(1818), 『마지막 사람(The Last Man)』(1826)

찰스 디킨스(Charles Dickens)(1812~1870)

과거에도 대중적이고 인기 많은 작품을 쓰면 상업성을 노린 작가라는 혹평은 피할 수 없었나 보다. 유럽 문화를 다룬 인문서『유럽 문화 탐사』는 디킨스가 당시 문인들 사이로부터 이중적인 평가를 받았다고 말한다. 이 책에서는 문학자이자 버지니아 울프의 아버지였던 레슬리 스티븐 경이 '만일 문학이 어설프게 교육된 대중 사이의 인기로만 판단된다면 당연히 디킨스의 것이 영국 소설 중에는 가장 높은 평가를 받아야 마땅하다.'라고 했을 정도로 지식인들 사이에서 디킨스가 그다지 좋은 대접을 받지 못했음을 밝히고 있다. 이에 비해 소설가 조지 오웰은 '디킨스는 훔칠 만한 가치가 있는 작가 중 한 명이다(Dickens is one of those authors who are well worth stealing).'라며 그에 대한 애정을 드러냈다.

이런 상반된 평가에도 불구하고 찰스 디킨스가 당대 영국 최고의 스토리 텔러였다는 사실을 부인할 사람은 없을 것이다. 그는 영국 하층민들의 삶과 시대상을 작품에 잘 반영했고, 수많은 등장인물들의 복잡하게 얽힌 이야기를 매끄럽고도 재치 있게 풀어냈다. 워낙 빈민굴이나 서민의 삶을 배경으로 하는 소설을 많이 썼기에 영국에서는 이와 관련된 사회문제가 대두될 때 디킨시언(Dickensian)이라는 단어가 사용되곤 한다. 그의 작품 중 가장 유명한『위대한 유산』은 BBC에서도 여러 번 각색되어 텔레비전 드라마로 방영되었고 다른 작품들도 영화로 다수 제작되었다.

대표작:『올리버 트위스트(Oliver Twist)』(1838),『크리스마스 캐롤(A Christmas Carol)』(1843),『위대한 유산(Great Expectations)』(1861)

샬롯 브론테(Charlotte Bronte)(1816~1855)

샬롯, 에밀리, 앤 브론테 자매는 모두 문학적으로 뛰어난 재능이 있었다. 이들 자매는 각자 시집과 소설을 발표했는데 특히 맏언니인 샬롯 브론테는 역사적으로 길이 남을『제인 에어』를 남겼다.『제인 에어』는 출판된 지 거의 180년이 되어

감에도 여전히 전 세계인의 마음을 사로잡고 있다. 이 작품은 여러 번 영화 및 드라마로 만들어졌는데 그 중 샬롯 갱스브루, 윌리엄 허트 주연의 1996년 버전과 미아 와시코브스카, 마이클 패스벤더 주연의 2011년 버전이 유명하다. 막내인 앤 브론테 역시 『애그니스 그레이(Agnes Grey)』(1847)와 『와일드펠 홀의 소작인(The Tenant of Wildfell Hall)』(1848) 등 의 작품을 남겼다. 2016년 이 세 자매의 이야기를 다룬 「브론테 자매들(To Walk Invisible: The Bronte Sisters)」이라는 TV 영화가 방영되었다.

대표작: 『제인 에어(Jane Eyre)』(1847), 『셜리(Sherley)』(1849), 『빌레트(Vilette)』(1853)

에밀리 브론테(Emily Bronte)(1818~1848)

브론테 자매 중 둘째인 에밀리 브론테는 30년이라는 짧은 생애를 사는 동안 몇 편의 시와 함께 『폭풍의 언덕』이라는 단 하나의 소설을 남겼다. 제목에서 암시되듯 히스클리프와 캐시의 폭풍 같은 사랑은 현대 작품의 어느 사랑 이야기보다도 강렬하다. 지금은 시대를 앞선 소설이라는 평을 받는 작품이지만 안타깝게도 브론테 생전에는 대중에게 외면받았다. 에밀리 브론테는 자신의 작품이 후에 세계적으로 인정받게 될 줄은 전혀 모른 채 『폭풍의 언덕』이 출판된 다음 해, 서른의 젊은 나이로 결핵에 걸려 생을 마감했다.

대표작: 『시집(Poems)』(1923), 『폭풍의 언덕(Wuthering Heights)』(1847)

조지 엘리엇(George Eliot)(1819~1880)

여성이 글 쓰는 행위가 금기시되던 당시의 관습 탓에 남성의 필명으로 활동한 조지 엘리엇의 본명은 매리 앤 에반스(Mary Ann Evans)다. 그녀는 유부남이었던 비평가 조지 헨리 루이스와의 부적절한 관계로 인해 가족과 왕래를 끊고 어릴 적부터 믿던 종교를 버리는 등 다사다난한 인생을 살았다고 알려져 있다. 빅토리아 시대의 대표적인 작가인 엘리엇은 순탄치 못한 환경 속에서 담담하게 하루하루를 살아가는 인물을 주로 그려냈으며 선구적인 작품을 남겼다는 평가를 받는다. 1994년 BBC에서 미니시리즈로 방영됐던 『미들마치』가 그녀의 대표작이다. 유명한 문학비평가 C. S 루이스가 저서 『오독: 문학비평의 실험(An Experiment in Criticism)』에서 『미들마치』가 얼마나 훌륭한 작품인지 수차례 강조했을 만큼 내용이 감동적이며, 문학성 또한 뛰어나다.

대표작: 『플로스 강변의 물방앗간(The Mill on the Floss)』(1860), 『사일러스(Silas Marner)』(1861), 『미들마치(Middlemarch)』(1871)

토마스 하디(Thomas Hardy)(1840~1928)

친구들은 모두 학원에 다니느라 바쁘던 중학생 시절, 집에서 무료한 시간을 보내다가 부모님 방의 책꽂이 구석에 꽂혀 있던 『테스』를 처음 읽었을 때의 그 허무하고도 복받쳐 오르던 감정을 아직도 잊을 수가 없다. 그 이후로 영어와 한글로 된 책을 몇 번씩 더 읽었고 영화와 드라마로 제작된 버전도 모두 보았을 만큼 나는 이 작품을 좋아한다.

저자인 토마스 하디는 원래 건축 회사에 다니며 취미로 글을 썼는데 작품들이 점차 인정받게 되자 아예 작가로 직업을 바꿨다고 한다. 조지 엘리엇과 더불어 빅토리아 시대를 대표하는 작가로서 공로 훈장(Order of Merit)을 받을 정도로 영국에서 융숭한 대접을 받은 하디는 1928년, 87세의 나이로 사망했다. 그의 유해는 영국을 대표하는 시인 및 작가들이 잠들어 있는 웨스트민스터 사원 내 시인의 코너(Poet's Corner)에 묻혔다.

대표작: 『성난 군중으로부터 멀리(Far From the Madding Crowd)』(1874), 『더버빌가의 테스(Tess of the D'Urbervilles)』(1891)

로버트 루이스 스티븐슨(Robert Louis Stevenson)(1850~1894)

이제는 탐험 소설의 고전이 된 로버트 루이스 스티븐슨의 『보물섬』은 어린아이들이 해적과 보물이 묻힌 섬을 상상하며 이불 속에서 모험을 꿈꾸도록 해주었다. 그리고 스티븐슨의 또 다른 대표작 『지킬 박사와 하이드』는 만화책, 연극, 뮤지컬 등으로 제작되어 많은 아이들을 공포에 떨게 만들었다.

최근 이 두 작품을 다시 읽어봤는데 어릴 때 읽었을 때와는 완전히 새로운 차원으로 다가왔다. 결코 시간이나 때우기 위해 읽는 가벼운 고딕 소설이 아닌, 인간의 본성과 이중성을 심리학적, 또 정신의학적 관점에서 다룬 심도 있는 작품이기 때문이다. 스티븐슨의 단편들 역시 음산하고 고요한 분위기 속에서 벌어지는 독특한 사건을 많이 다룬다. 스티븐슨은 특이하게도 1890년, 남태평양의 사모아섬으로 이주해 원주민들과 가까이 지냈는데 그곳에서 정치 활동까지 하는 등 영향력 있는 삶을 살다가 44세에 갑자기 사망했다.

대표작: 『보물섬(Treasure Island)』(1882), 『지킬 박사와 하이드(Strange Case of Dr Jekyll and Mr Hyde)』(1886), 『납치(Kidnapped)』(1886)

아서 코난 도일(Arthur Conan Doyle)(1859~1930)

'셜록 홈스'라는 캐릭터 하나면 다른 설명이 필요 없는 작가다. 『셜록 홈스』의 인기가 얼마나 높았던지 작가 코난 도일이 큰 심리적 부담을 느껴 극 속에서 홈스를 죽이기도 했었다. 독자의 반발로 결국 홈스를 다시 살렸지만 만약 그때 셜록 홈스가 죽은 채로 이야기가 완전히 끝났더라면 아마 지금과 같은 명예를 누리지 못했을 것이다. 코난 도일에게는 셜록 홈스 시리즈 외에 별다른 대표작이 없지만 아무도 그런 사실을 신경 쓰지 않을 정도로 셜록 홈스 시리즈는 정말 대단하다. 드라마와 영화, 연극, 뮤지컬 등 여러 장르로 각색되어 아직까지도 대중의 변함없는 사랑을 받고 있는 중이다.

대표작: 『주홍색의 연구(A Study in Scarlet)』(1887), 『네 사람의 서명(The Sign of Four)』(1890), 『바스커빌의 개(The Hound of the Baskervilles)』(1902)

버지니아 울프(Virginia Woolf)(1882~1941)

「디 아워스」라는 2002년 영화로 잘 알려진 작가다. 영화 속에서 배우 니콜 키드먼이 버지니아 울프의 비극적인 생애를 완벽하게 연기했다. 그녀는 천재적 유전자를 가진 가문이라고 일컬어지는 스티븐가의 딸이었다. 당대 최고 지성인들의 모임이었던 블룸즈버리그룹의 멤버였던 울프는 사건 위주의 흐름이 아닌 머릿속의 의식과 생각을 따라 극이 전개되는 '의식의 흐름(Stream of consciousness)'이라는 새로운 창작 기법을 제임스 조이스와 더불어 정립했다. 이 기법으로 쓰인 작품에서는 사람의 의식 세계가 연관 없이 나열되기도 하며 잘라진 조각들을 이어 붙이듯 전개되기 때문에 글이 난해하게 느껴진다. 남편의 헌신적인 보살핌과 사랑에도 불구하고 우울증을 이기지 못해 강물에 몸을 맡겨 스스로 생을 마감한 울프는 아직까지도 수많은 사람들, 특히 여성에게 지식과 지성을 향한 열정과 영감을 끊임없이 불러일으키고 있다.

대표작: 『댈러웨이 부인(Mrs Dallaway)』(1925), 『올랜도(Orlando: A Biography)』(1928), 『자기만의 방(Room of One's Own)』(1929), 『등대로(To the Lighthouse)』(1927)

제임스 조이스(James Joyce)(1882~1941)

대학 시절 영미 단편소설 수업 시간에 처음 제임스 조이스의 작품을 접했다. 제목도 아름다운 『애러비(Araby)』(1914)였는데 이 작품은 내게 신비로움 자체였다. 소년의 맑은 욕망이 철저하고도 덤덤하게 조각나버리는 장면과 함께 소년이 겪는 에피파니(Epiphany)[1], 그 짧은 이야기가 어찌나 강한 인상을 남겼는지 지금도 이 작품을 떠올리면 머릿속 한 공간이 뻥 뚫리는 기분이다. 솔직히 말하면 버지니아 울프의 작품과 마찬가지로, 의식의 흐름 기법으로 쓰인 조이스의 작품을 따라가는 것이 독자로서는 쉬운 일은 아니다. 나 또한 『더블린 사람들』, 『젊은 예술가의 초상』, 『젊은 예술가의 초상』의 모태가 된 『스티븐 히어로(Stephen Hero)』(1944) 등 조이스의 많은 작품들을 읽어보고, 또한 읽어보려고 시도했지만 완벽히 이해하기엔 턱없이 부족했다.

아일랜드가 대영제국의 속국이던 시절 아일랜드의 수도 더블린에서 태어난 조이스는 자신의 천재성을 알아주지 않는 모국을 떠나 유럽 등지를 옮겨 다니며 살다가 결국 고국 땅을 다시 밟지 못하고 죽는다. 그의 작품에선 대영제국으로부터 독립하고자 하는 아일랜드의 상황이 종종 그려진다. 더블린에서는 조이스의 소설 『율리시스』의 시간적 배경이 된 1904년 6월 16일 목요일을 기념해 블룸스데이(Bloomsday)가 매년 열린다. 소설의 주인공인 레오폴드 블룸의 발자취를 그대로 따라가며 조이스를 기리는 행사다.

대표작: 『율리시스(Ulysses)』(1922), 『피네간의 경야(Finnegans Wake)』(1939), 『더블린 사람들(Dubliners)』(1914), 『젊은 예술가의 초상(A Portrait of the Artist as a Young Man)』(1916)

---

1 현시(顯示), 통찰과 자각의 순간.

애거서 크리스티(Agatha Christie)(1890~1976)

애거서 크리스티는 영국 추리소설의 여왕으로 불린다. 크리스티가 본인을 모티브로 해서 만든 캐릭터 미스 마플(Miss Marple)은 코난 도일의 셜록 홈스나 에드거 앨런 포의 뒤팽(Dupin)만큼 유명하진 않지만 미스터리를 해석하는 능력은 탁월하다. 한 가지 큰 차이점은 홈스와 뒤팽이 엄청난 지식, 상식 그리고 과학적인 사실을 근거로 사건을 추적하는데 비해 미스 마플은 인간의 정서와 본성에 초점을 맞춘다는 것이다. 미스 마플은 다수의 텔레비전 시리즈 및 영화로 제작되었다. 2017년 영화로 다시 만들어져 대중에게 잘 알려진『오리엔트 특급 살인』의 탐정 푸아로(Poirot) 역시 크리스티가 만든 캐릭터며 영국 ITV에서 드라마로 시즌 13까지 제작되었을 만큼 인기가 높다.

대표작:『아크로이드 살인 사건(Murder of Roger Ackroyd)』(1926),『오리엔트 특급 살인(Murder on the Orient Express)』(1934),『그리고 아무도 없었다(And Then There Were None)』(1939)

올더스 헉슬리(Aldous Huxley)(1894~1963)

『멋진 신세계』의 첫 페이지를 읽는 순간 '이런 글을 쓴 작가는 대체 어떤 사람일까'라는 질문이 자동으로 솟구쳤다. 방대한 생물학적 지식은 말할 것도 없고 딱딱할 수 있는 내용을 유머러스하게, 풍자적으로 풀어내는 능력에 책을 읽는 내내 감탄하기도 하고 질투하기도 했다. 그리고 작품 전체에서 셰익스피어를 향한 애정과 인문학을 향한 소명을 느낄 수 있었다. 이 위대한 작가는 바로 올더스 헉슬리로 과학과 문학 분야에서 쟁쟁한 업적을 보인 헉슬리 가문 출신이다.『멋진 신세계』는 1980년과 1998년에 영화로 만들어지기도 했다. 2011년 리들리 스콧이 감독을 맡아 다시 영화화될 예정이라는 발표가 있었는데 다음해 리들리 스콧은 '이 소설을 어떻게 표현할지 잘 모르겠다. 아마 책으로만 남는 것이 더 나을 수도 있다.'라는 인터뷰를 한 뒤 더 이상 영화 제작에 진전이 없는 상태다.

대표작: 『멋진 신세계(Brave New World)』(1932), 『가자에서 눈이 멀어(Eyeless in Gaza)』(1936)

C.S. 루이스(C. S Lewis)(1898~1693)

『나니아 연대기』로 널리 알려진 C.S. 루이스는 언뜻 판타지 동화작가 같지만 기독교계에서는 유명한 평론가이자 학자다. 그는 무신론자에서 기독교인으로 회심한 자신의 경험을 바탕으로 논리적이고 체계적인 변론을 통해 기독교의 본질을 꿰뚫는 저서들을 펴냈다. 진짜 지성인이 설파하는 기독교의 원리를 알고자 하는 사람들에게 C.S. 루이스는 완벽한 선생이자 롤모델이다. 또한 그는 세계 최고의 석학들이 모인 캠브리지와 옥스퍼드에서 영문학 교수를 역임한 뛰어난 영문학자였다. 『반지의 제왕』을 쓴 J. R. R 톨킨과의 친분으로도 유명한데 두 사람은 옥스퍼드에서 학생들을 가르치던 중 만나 지적인 교류를 했으며 몇몇 친구들과 함께 토론 모임인 잉클링즈(Inklings)를 만들었다. 그의 대표작 『나니아 연대기』는 어린 아이 같은 순수함이 느껴지는 작품이며, 이에 비해 기독교 서적 및 문학 비평서에는 깊은 지성과 통찰이 담겨 있다.

대표작: 『고통의 문제(The Problem of Pain)』(1940), 『스크루테이프의 편지(The Screwtape Letters)』(1942), 『순전한 기독교(Mere Christianity)』(1952), 『헤아려본 슬픔(A Grief Observed)』(1961)

조지 오웰(George Orwell)(1903~1950)

냉소적이면서도 위트가 넘치는 조지 오웰의 소설은 어딘지 모르게 차가운 느낌이 있다. 다분히 정치적이고 비판적이지만 그렇지만 글은 읽는 내내 얼굴에 옅은 미소를 띠게 하는 힘도 있다. 조지 오웰의 본명은 에릭 아서 블레어(Eric Arthur Blair)로 1903년 당시 영국령이었던 인도에서 태어났다. 그가 한 살이었을 때 어머니, 누나, 여동생과 함께 영국으로 이주했는데, 에세이『나는 왜 쓰는가(Why I Write)』(1946)에서 오웰은 5~6세 정도 되었을 때 이미 본인이 작가가 될 것이라고 생각했다고 한다. 자라서는 명문 이튼칼리지를 다녔고 미얀마에서 경찰로 활동하기도 했다. 또한 그는 뼈만 앙상하게 남은 몸으로 죽기 3개월 전 병원에서 결혼식을 올릴 정도로 열렬한 로맨티스트였다. 오웰의 작품은 자전적인 경험을 바탕으로 한 것들이 많은데 미얀마에서의 경찰 시절은『버마의 나날(Burmese Days)』(1934)에, 런던과 파리에서 직접 경험했던 하류층과 부랑자의 삶은 첫 번째 소설인『파리와 런던의 바닥 생활』에 담겨 있다. 그의 작품 중 가장 유명한『1984』는 하버드대학교 서점이 꼽은 가장 잘 팔리는 책 1위에 선정되기도 했다.

대표작:『동물농장(Animal Farm)』(1945),『1984』(1949),『파리와 런던의 바닥 생활(Down and Out in Paris and London)』(1933)

가즈오 이시구로(Kazuo Ishiguro)(1954~)

현재 가장 많은 주목을 받고 있는 작가 중 한 명인 가즈오 이시구로는 1954년, 일본인 부모 밑에서 태어나 다섯 살 때부터 영국에서 살기 시작해 시민권을 취득한 영국인이다. 이시구로의 작품들을 하나씩 읽다 보면 그 다양한 소재와 스타일에 감탄하게 되는데 현대와 근대를 아우르는 설정부터 디스토피아를 다룬 이야기까지 놀라움의 연속이다. 등장인물 역시 영국인, 미국인, 일본인 등 아주 국제적이기 때문에 한 작가의 작품 범위 내에서 각양각색의 문화를 경험할 수 있다. 특히 본인이 뮤지션으로 활동했던 경험 덕에 작품 곳곳에 음악, 예술에 대한 열정과 깊은 조예가 드러나 있어 예술과 문학을 사랑하는 이들은 꼭 읽어봐야 할 작가다.

　1989년 부커상, 2017년 노벨 문학상 등 굵직한 상들과 대영제국 훈장과 프랑스 문예훈장을 받은 엄청난 이력을 자랑한다. 노벨 문학상 심사위원들로부터 제인 오스틴과 카프카를 합쳐놓은 듯한 작가라는 극찬을 받았다. 나는 우연히 접하게 된 단편집 『녹턴(Nocturnes)』(2009)을 시작으로 이시구로에게 빠져 소설 네 편을 연달아 읽었는데 서로 다른 세계들을 이질감 없이 그려낸 그의 필력에 깊은 감명을 받았다. 최근에는 일본 영화 거장 구로사와 아키라 감독의 1952년 작 〈이키루〉를 리메이크한 작품 〈리빙: 어떤 인생(Living)〉의 각본을 맡기도 했다.

대표작: 『남아 있는 나날(The Remains of the Day)』(1989), 『위로받지 못한 사람들(The Unconsoled)』(1995), 『나를 보내지 마(Never Let Me Go)』(2005)

3. 영화, 드라마로 재탄생한 영국 문학

이미 글로 읽은 작품들을 시각적, 청각적 효과가 더해진 영화와 드라마로 볼 수 있는 시대에 사는 우리는 영어 공부 측면에서 참으로 운이 좋다. 온갖 상상력을 동원해 읽었던 글들이 화면에서 색깔을 입고 새롭게 탄생될 때 머릿속을 가득 채우던 상상과 환상이 입증되거나 부서진다. 또 내용을 알고 영상을 보기 때문에 자막에 대한 의존도는 낮아지고 원작의 대사와 내용 등을 비교해보는 재미를 느낄 수 있다. 작품을 먼저 화면으로 만나고 그다음에 종이로 만나는 것 역시 마찬가지다. 이 두 가지가 병행될 때 작품에 대한 이해도가 훨씬 높아질 뿐 아니라, 시청각 자료로 리스닝과 독해까지 함께 이뤄지면서 영어 공부에 큰 효과를 볼 수 있다.

이제 소설과 함께 영화로 보며 영어 공부까지 할 수 있는 작품들을 소개하고자 한다.

마이 페어 레이디(My Fair Lady)(1964) by 버나드 쇼

조지 버나드 쇼의 희곡 『피그말리온』이 1964년 오드리 헵번이 주연을 맡으며 스크린으로 옮겨졌다. 「마이 페어 레이디」라는 새로운 제목과 노래가 가미된 뮤지컬로 각색되었는데 아름다운 색감의 영상과 화려한 의상, 유쾌한 음악으로도 눈과 귀가 즐거운 작품이다. 길에서 꽃을 팔던 아가씨가 말투와 억양을 바꿈으로써 숙녀가 되는 과정을 그린 이 영화에서는 상류층의 허례허식과 하류층의 자유로움이 대조된다. 또한 영국에서 액센트가 사람의 지위에 미치는 영향을 직접적으로 확인할 수 있다. 이미 원작과 같은 제목으로 1938년 만들어진 영화가 있는데 원작자이자 이 영화의 각본가로 참여한 버나드 쇼는 1938년 각본상(best writing)으로 오스카를 수상했다. 당시 버나드 쇼는 1925년 수상했던 노벨 문학상과 함께 세계 최고 권위의 두 가지 상을 모두 받은 최초의 인물로 기록됐다. 이후 이 기록은 2001년 주제가상(best original song)으로 오스카를 수상한 경력이 있는 밥 딜런이 2016년 노벨 문학상을 받으며 78년 만에 깨졌다.

지옥의 묵시록(Apocalypse Now)(1979) by 조지프 콘래드

어느 날 조지프 콘래드의 『암흑의 핵심(Heart of Darkness)』[2] (1899)을 읽고 있었는데 언니가 지나가는 말로 "아, 「지옥의 묵시록」 원작이구나."라고 했다. 사실 이 소설을 바탕으로 한 영화가 있는지조차 몰랐는데 알고 보니 심지어 「대부」의 프란시스 코폴라 감독에 마틴 쉰, 말론 브란도 주연의 명화였다.

전체적인 맥락은 비슷하지만 소설이 담백하고 담담하다면 영화는 훨씬 더 자극적이고 컬트적인 요소도 갖추고 있다. 그런데 이야기가 펼쳐지는 배경은 아예 다르다. 소설이 식민지와의 무역을 목표로 한 제국주의에 초점을 맞췄다면 영화는 베트남 전쟁을 배경으로 전쟁의 후유증과 전쟁을 겪으며 변모하는 한 인간의 모습을 날카롭게 간파한다. 커츠 대령으로 분한 전율을 일으키는 말론 브란도의 연기와 권력과

---

2   '어둠의 심연' 또는 '어둠의 심장'이라고도 번역된다.

명예에 굴복하는 인간의 실체를 보여준 영화의 마지막 장면은 쉽게 잊을 수 없다. 제국주의를 다룬 콘래드의 단편 『진보의 전초기지(An Outpost of Progress)』(1897) 또한 강력히 추천하는 작품이다.

전망 좋은 방(A Room with a View)(1985) by E. M. 포스터

E. M. 포스터의 동명 소설을 원작으로 한 영화다. 즐겨 가던 런던 캠든마켓의 중고 책방에서 2파운드에 원작을 사서 우연히 읽었다가 반해서 영화까지 보게 된 작품이다. 내가 좋아하는 배우 헬레나 본햄 카터가 주인공 루시 역을 맡았다. 이 영화에서는 그녀의 앳되고 사랑스러운 모습을 볼 수 있다. 이탈리아에서도 가장 아름다운 도시라 불리는 피렌체의 서정적인 풍경을 배경으로 루시가 소녀에서 여인이 되어가면서 사회적인 구속으로부터 해방되는 이야기를 잔잔하게 다룬다. 루시는 거의 엄마뻘인 사촌 샬롯(매기 스미스 분)과 함께 피렌체 여행을 갔다가 청년 조지를 만난다. 그녀는 혼란에 빠짐과 동시에 사랑을 새롭게 보는 시각을 갖게 된다. 영화 속에서 루시는 뻥 뚫린 전망을 바라보며 주체적인 여성으로서 자유를 맛본다.

올랜도(Orlando)(1992) by 버지니아 울프

배우 틸다 스윈튼이 작품 전체를 움직이는 판타지 영화다. 버지니아 울프가 이런 판타지 소설도 썼다는 사실이 놀라웠는데 영화 마지막 장면에서 역시 울프의 작품이구나 하는 생각을 했다. 주인공 올랜도는 16세의 귀족 소년으로 사랑, 배신, 정치, 전쟁 등을 모두 경험하며 장장 400년간을 산다. 그중 올랜도가 겪는 가장 큰 변화는 남성에서 여성으로서의 성별이 바뀌는 것인데 이를 단순히 작가가 성별의 자유를 나타낸 거라 해석하면 조금 아쉽다. 올랜도는 남성이 여성을 소유물처럼 여기던 시각을 남성과 여성의 입장에서 모두 경험한다. 올랜도가 지식인들을 만날 때 여성의 지성과 능력을 폄하하는 시인들의 발언은 당시 시대 상황을 잘 보여준다. 올랜도는 엘리자베스 여왕의 총애를 입어 성과 영지를 하사받는데 성안에서 시(詩)에 빠지며 안식한다. 자기만의 방과 돈의 필요성을 외쳤던 울프의 사상이 반영된 장면이 아닌가 싶다. 이렇듯 올랜도는 남성과 여성으로 살아가며 두 성에 주어진 역할과 기대되는 기질을 충족시키지 못하지만 모든 것을 경험해보고 마침내 평안을 얻는다.

영화는 원작 소설을 조금 각색하긴 했지만 버지니아 울프의 추상적인 소설을 영화로 이렇게 표현해냈다는 데 아낌없는 갈채를 보내고 싶다. 원시적인 느낌을 주면서도 강렬한 사운드트랙 역시 아주 훌륭하다. 단지 여자라는 이유로 결혼하거나 아들을 낳지 않는 이상 모든 것을 몰수당할 처지에 놓인 올랜도가 평원에서 'Nature, nature I'm your bride, please take me(자연이여, 자연이여 저는 당신의 신부입니다. 절 데려가주세요)!'라고 외치는 장면은 가슴을 뭉클하게 한다.

남아 있는 나날(The Remains of the Day)(1993) by 가즈오 이시구로

가즈오 이시구로에게 부커상을 안겨준 『남아 있는 나날』은 읽는 내내, 또 다 읽고 난 후에도 주인공인 스티븐스와 미스 켄튼의 이미지를 그리기 어려운 소설이었다. 대저택의 집사(butler)와 총무(house keeper)라는 직업 자체가 생소했을 뿐더러 나이 차이가 많이 나는 설정, 과거와 현재를 오가는 내러티브로 인해 마지막 페이지를 덮을 때까지 이야기 자체는 강렬했지만 이렇다 할 뚜렷한 이미지가 남지 않았었다. 그런데 영화가 시작하고 스티븐스 역을 맡은 안소니 홉킨스와 미스 켄튼 역의 엠마 톰슨이 등장하자마자 퍼즐이 맞춰지듯 눈앞에 두 인물이 살아났다. 젊은 카디널 경으로 출연하는 휴 그랜트와 미국인 루이스의 재해석된 모습 역시 영화를 더욱 재미있게 만들어준다.

영화를 보면서 「전망 좋은 방」과 분위기가 아주 비슷하다고 생각했는데 역시나 같은 감독인 제임스 아이보리가 연출을 맡았다. 스티븐스와 미스 켄튼의 잔잔한 로맨스를 바탕으로 나치와 유럽 정치인들의 관계, 유럽과 독일의 아슬아슬한 관계, 아버지와 아들의 단절된 관계, 주인과 집사의 관계를 매끄럽고 스타일리시하게 그려낸 감독의 역량이 돋보였다.

프랑켄슈타인(Frankenstein)(1994) by 메리 셸리

이 영화는 로버트 드니로, 케네스 브레너와 헬레나 본햄 카터 등 어마어마한 캐스트를 자랑한다. 결말은 원작 소설과 다르게 각색되었는데 가히 더 충격적이다. 자신의 창조자로부터 버림받은 창조물이 사랑과 보호를 갈구하다 결국 복수를 다짐하는 과정은 처절하기 그지없다. 공포 영화지만 무섭다기보다는 가슴 아프고 애절하며 점점 더 호전적으로 변해가는 창조물에 연민마저 느껴진다. 헬레나 본햄 카터는 「혹성 탈출」이후 또다시 괴기스러운 분장을 얼마나 잘 소화해낼 수 있는지를 십분 증명한다. 1931년 제작된 흑백 영화도 있는데 그때 사람들이 흔히 생각하는 프랑켄슈타인의 전형적인 괴물 같은 모습이 만들어졌다. 『프랑켄슈타인』은 2011년 연극으로 만들어졌는데, 베네딕트 컴버배치와 조니 리 밀러가 창조자와 창조물을 연기했고 대니 보일 감독이 제작했다. 이 연극은 2012년에 극장에서 개봉되기도 했다.

메리 라일리(Mary Reilly)(1996) by 로버트 루이스 스티븐슨

로버트 루이스 스티븐슨의 『지킬 박사와 하이드』를 미국의 소설가 발레리 마틴 (Valerie Martin)이 재해석해 『메리 라일리』(1990)라는 새로운 작품이 탄생했다. 원작 『지킬 박사와 하이드』에는 없는 인물이지만 이를 각색한 현대 소설의 주인공인 메리 라일리를 줄리아 로버츠가 연기해 1996년 동명의 제목으로 영화가 만들어졌다. 스티븐슨의 원작은 지킬 박사의 친구인 변호사 어터슨의 시점에서 이야기가 전개되는 데 비해, 「메리 라일리」는 지킬 박사의 집에서 일하던 하녀 메리 라일리의 시점으로 이야기가 전개된다. 관찰자의 시점이 달라지면서 지킬 박사의 변화 과정 및 심리 상태가 더욱 가깝고 세밀하게 그려졌으며 메리와 지킬 박사의 아슬아슬한 관계까지 담겼다. 지킬 박사와 하이드 1인 2역을 훌륭하게 연기한 존 말코비치의 연기가 인상적인 작품이다.

위대한 유산(Great Expectations)(1998) by 찰스 디킨스

찰스 디킨스의 소설 『위대한 유산』은 워낙 유명하고 인기가 많아 이미 다수의 영화 및 드라마로 제작되었다. 개인적으로 그 중 가장 기억에 남는 것은 단연 에단 호크와 기네스 펠트로, 로버트 드니로가 주연을 맡은 1998년 작이고, 2012년 헬레나 본햄 카터가 미스 하비샴을 연기한 BBC 텔레비전 드라마 역시 감명 깊게 봤다. 1998년 작은 디킨스의 작품을 감각적으로 그려낸 영화로 기네스 펠트로가 핀(원작 소설에서는 핍)이 흠모하는 에스텔라를, 에단 호크가 갑자기 유산을 물려받아 인생이 뒤바뀌는 소년 핀을 연기했다. 등장인물의 이름 및 원작의 내용을 현대적으로 재해석한 점에 대해 부정적인 견해도 있지만 아름답고 신비롭게 표현된 영상미가 호평을 받았다. 한편 이 작품명의 번역은 '위대한' 유산보다 '막대한' 유산이 의미상 더 옳다는 논란이 끊임없이 일고 있다. 하지만 이 작품은 그 자체로 위대하기 때문에 '위대한'이라고 번역된 제목이 그저 어색하지만은 않다는 생각이 든다.

찰리와 초콜릿 공장(Charlie and the Chocolate Factory)(2005) by 로알드 달

조니 뎁과 팀 버튼이 뭉치면 항상 화제가 된다. 이미 많은 작품을 함께한 이 둘의 또 다른 조합으로 잘 알려진 영화 「찰리와 초콜릿 공장」은 영국 소설가 로알드 달(Roald Dahl)의 1964년 작품을 각색한 영화다. 로알드 달은 『찰리와 초콜릿 공장』과 같이 기발한 상상력을 내세운 동화들로 유명한데, 이 소설의 괴짜 주인공인 윌리 웡카를 연기한 조니 뎁만큼 독특한 로알드 달의 상상의 세계를 잘 표현해낼 배우는 아마 없을 것 같다. 원작이 조금 각색된 이 영화는 영국인에게는 별로 인기가 없고 1971년에 나온 「윌리 웡카(Willy Wonka)」라는 뮤지컬 영화가 훨씬 더 사랑을 받는다고 한다. 2023년에는 웡카(Wonka)라는 제목으로 티모시 샬라메가 주연한 영화가 또 나왔다.

나니아 연대기(The Chronicles of Narnia)(2005~2010) by C.S. 루이스

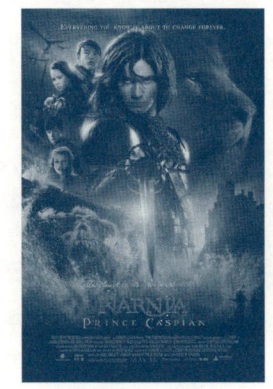

C.S. 루이스의 소설을 원작으로 한 시리즈로 아이, 어른 할 것 없이 두루두루 많은 사랑을 받은 영화다. 재미와 더불어 교훈과 감동까지 있기 때문에 모두가 즐길 수 있는 게 아닐까 싶다. 소설은 총 7편의 이야기로 구성되어 있는데 C.S. 루이스가 나중에 각 이야기를 보충하고자 새로운 이야기들을 중간중간 끼워 넣었기에 이 7편은 출판된 순서가 아닌 이야기 전개의 순서대로 읽어야 한다.[3] 영화는 이야기 전개 순서대로 제작되어 차례로 개봉되는 중이며 현재까지 『사자, 마녀, 그리고 옷장(The Lion, the Witch and the Wardrobe)』(2005), 『캐스피언 왕자(Prince Caspian)』(2008), 『새벽 출정호의 항해(The Voyage of the Dawn Treader)』(2010)가 영화로 만들어졌다. 2020년에는 네 번째 시리즈인 『은의자(The Silver Chair)』가 개봉 예정이었는데 제작이 결국 취소되었다고 한다.

007 카지노 로열(Casino Royale)(2006) by 이안 플레밍

제임스 본드는 워낙 유명해 마치 할리우드 히어로물의 주인공 같지만 사실은 영국을 대표하는 추리 작가 이안 플레밍(Ian Fleming)이 창조한 인물이다. 이안 플레

---

[3] 지금은 출판사마다 출판된 순서가 다르지만 당시엔 출판된 순서대로 책마다 번호가 매겨져 있다. 이 번호순이 아닌 2-4-5-6-3-1-7 순서대로 읽어야 이야기가 맞춰진다.

밍의 작품은 거의 대부분 영화화되었을 정도로 그 스토리가 역동적이고 대중적이다. 제임스 본드 시리즈는 플레밍이 2차 세계대전 중 해군정보부에서 일했던 경험을 바탕으로 집필했다. 그중 가장 유명한 작품 중 하나인 『카지노 로열(Casino Royale)』은 플레밍이 1953년 발표한 첫 소설로 출간되자마자 큰 인기를 끌었으며 2006년 영화로 개봉되었을 때도 많은 사랑과 호평을 받았다. 이 영화가 시리즈의 다른 영화들보다 더 유명한 이유는 아마 본드걸을 맡은 프랑스 배우 에바 그린의 완벽한 외모와 카리스마 덕분일 것이다. 이제는 나이가 많이 든 다니엘 크레이그지만 이 작품에서는 젊은 에너지와 카리스마를 뽐낸다.

엔젤(Angel)(2007) by 엘리자베스 테일러

어두우면서도 재치 있는 연출로 잘 알려진 프랑스 감독 프랑소와 오종이 영국 작가 엘리자베스 테일러(Elizabeth Taylor)의 1957년 동명 소설을 영화화했다. 나는 프랑소와 오종 감독의 영화를 원래 좋아해서 그의 영화는 대부분 봤지만 이 소설을 영화화한 사실은 영화를 보고 난 후에야 알았다. 영국 시대극 주인공으로 자주 출연하는 로몰라 가레이가 주인공 엔젤 역을 맡았다. 내가 정말 좋아하는 두 명의 배우 마이클 패스벤더와 샬롯 램플링이 출연해 더욱 애정이 가는 작품이기도 하다. 특히 마이클 패스벤더의 전성기 때 외모를 볼 수 있어 좋다. 작가로서 천부적인 재능을 가진 엔젤과 그녀에게 열등감을 갖고 살아가던 화가 남편과의 갈등, 사랑, 집착 등 엔젤의 비극적인 이야기가 프랑소와 오종 특유의 우울하지만 아름다운 연출로 표현되었다. 프랑소와 오종의 거의 모든 영화의 음악을 맡는 작곡가 필립 롬비의 음악을 만날 수 있는 것 또한 이 작품의 묘미다.

노생거 사원(Northanger Abbey)(2007) by 제인 오스틴

수많은 제인 오스틴의 작품들이 영화 또는 드라마로 제작되었는데 「노생거 사원」은 2009년 방영된 텔레비전 시리즈 「엠마(Emma)」와 함께 가장 발랄하고 다이내믹한 작품이 아닌가 싶다. 한없이 순진하고 정숙해 보이면서도 고딕 소설을 탐닉하는 소녀 캐서린의 모험이 유희적이면서도 활발하게 그려진다. 그리고 제인 오스틴의 작품답게 전체적인 플롯이나 등장인물들의 연결된 관계가 아주 흥미진진하다. 상상력이 풍부한 주인공 캐서린은 이미지가 거의 완벽하게 일치하는 배우 펠리시티 존스가 연기했다. 나는 원작 소설보다 각색된 드라마를 훨씬 재미있게 봤다. 전개가 빠른 드라마와 달리 소설은 등장인물들의 대화가 너무 길게 이어지는 바람에 집중해서 읽어나가기가 조금 어려웠다.

한편 제인 오스틴의 작품들은 1938년부터 2016년까지 무려 74번이나 텔레비전 시리즈 또는 영화로 각색되었다. 그중에 『오만과 편견』은 16회나 스크린을 통해 재탄생되었다. 이외에 『이성과 감성』, 『맨스필드 파크』, 『설득』, 『레이디 수잔』 등이 드라마 또는 영화로 각색되었다. 제인 오스틴이 아직 살아 있다면 J. K. 롤링의 수입은 가뿐히 제칠 수 있지 않았을까. 또한 제인 오스틴의 삶을 소재로 한 「비커밍 제인(Becoming Jane)」(2007), 「로스트 인 오스틴(Lost In Austen)」(2008), 「제인 오스틴의 후회(Miss Austen Regrets)」(2008) 등의 영화도 제작되었다. 거의 1~2년마다 제인 오스틴과 관련된 작품이 만들어지는 것 같다. 심지어 2016년에는 「오만과 편견 그리고 좀비(Pride and Prejudice and Zombies)」라는 영화까지 개봉했는데 이 사실을 제인 오스틴이 알았다면 어떤 반응을 보였을지 궁금하다.

더버빌가의 테스(Tess of the D'urbervilles)(2008) by 토마스 하디

토마스 하디의 『테스』는 순수했던 어린 시절, 우연히 읽었던 책이기에 더욱 애착이 간다. 욕망과 사랑이 뒤범벅된 테스와 엔젤 그리고 알렉의 엇갈린 운명과 충격적인 결말은 마지막 페이지에서 눈물을 쏟게 했다. 영상화된 작품으로는 로만 폴란스키 감독, 나스타샤 킨스키 주연의 1979년작이 가장 유명하지만 나는 2008년 BBC에서 방영한 4부작 텔레비전 영화가 가장 기억에 남는다. 테스 역은 젬마 아터튼이 연기했는데 소설 속 테스의 이미지와 완벽하게 부합했다. 어떤 이는 엔젤 역의 에디 레드메인이 미스 캐스팅이라고도 평하지만 나는 오히려 밋밋하고 소극적인 엔젤의 모습이 마음에 들었다. 당시 여성이 겪었던 차별과 어려움, 그 가운데서도 사랑을 지키기 위해 고군분투하는 모습이 목가적으로 그려졌다.

폭풍의 언덕(Wuthering Heights)(2009) by 에밀리 브론테

영화와 텔레비전 및 연극에서 벌써 약 30회 가량 각색된 작품이다. 에밀리 브론테는 자신의 작품이 나중에 이렇게 큰 사랑을 받으리라고는 전혀 상상도 못 했을 것이다. 1992년에는 줄리엣 비노쉬와 랄프 파인즈가 주연을 맡은 영화가 나왔고 2011년에는 최초로 히스클리프를 흑인으로 연출한 카야 스코델라리오 주연의 영화가 개봉되었다. 이 수많은 작품 중 최고는 단연코 톰 하디와 샬롯 라일리가 각각 히스클리프와 캐서린을 연기한 2부작 텔레비전 미니시리즈다. 톰 하디는 캐서린을 맹목적으로 사랑하는 거친 히스클리프의 화신이었고 샬롯 라일리가 연기한 생기 넘치고 야성적인 캐서린은 너무나 완벽했다. 실제 두 배우는 이 작품을 통해 만남을 시작해 2015년 결혼했다. 에밀리 브론테가 이어준 커플인 셈이다. 드라마의 종반부, 캐서린이 창밖으로 히스클리프를 내려다보는 장면은 보는 이들의 가슴을 뒤흔드는 명장면이다.

도리안 그레이(Dorian Gray)(2009) by 오스카 와일드

아일랜드의 극작가 오스카 와일드가 1890년 발표한 소설『도리안 그레이의 초상(A Picture of Dorian Gray)』을 영화화했다. 약간 과장된 연출이 없지 않지만 이 작품은 인간의 욕망이 어디까지 인간을 이끌 수 있는지를 적나라하게 보여 준다. 누가 봐도 흠잡을 곳 없는 외모를 가진 순수한 청년 도리안 그레이가 자신의 아름다움을 깨닫고 그 아름다움을 지키기 위해 악마에게 자신의 영혼을 팔겠다는 맹세를 한 뒤 온갖 쾌락에 빠져 방탕한 삶을 살다가 파멸에 이르는 과정을 그렸다. 영화에서 도리안 그레이 역은 소설에서 묘사한 완벽한 외모에 걸맞은 벤 반스가, 도리안을 타락의 길로 인도하는 헨리 워튼 경은 콜린 퍼스가 연기했다.

팅커 테일러 솔져 스파이(Tinker, Tailor, Soldier, Spy)(2011) by 존 르 카레

이안 플레밍과 함께 영국을 대표하는 스파이 소설작가인 존 르 카레(John le Carre)의 1974년 소설을 영화화한 작품이다. 이 영화는 특히 화려한 캐스팅으로 큰 화제가 되었는데 존 허트, 개리 올드만, 콜린 퍼스, 톰 하디, 베네딕트 컴버배치 등 영국을 대표하는 배우들이 줄줄이 출연한다. 배우들의 훌륭한 연기와 더불어, 그림 같은 영상미와 느와르 음악의 정수를 들려주는 사운드트랙은 영화에서 눈과 귀를 뗄 수 없게 한다. 원작자인 르 카레는 특이하게도 영국 외무성에서 근무한 이력이 있는데, 그때의 경험을 바탕으로 수십 권의 정교하고 사실적인 스파이 소설을 집필했다.

에드윈 드루드의 비밀(The Mystery of Edwin Drood)(2012) by 찰스 디킨스

이 작품이 더욱 소중한 이유는 미완성으로 남겨진 찰스 디킨스의 유작이기 때문이다. 디킨스의 소설답게 일단 읽기 시작하면 멈출 수 없을 만큼 흥미롭고 스릴 넘친다. 2012년 BBC가 2부작 TV 영화로 만들면서 원작과는 다른 결말로 각색했는데 캐스팅도 완벽하고 첫 장면부터 마지막 장면까지 긴장의 끈을 놓을 수 없게 만들었다. 당시 영국 사회에 만연하던 아편굴을 실감나게 묘사했고 아편으로 인한 환상이 현실과 뒤섞인 모습이 사실적으로 표현됐다. 아마 디킨스가 이 소설을 완성하고 죽었더라면 그의 대표작 중 하나로 남았을지 모른다. 원작을 바탕으로 뮤지컬도 제작되었는데 기회가 된다면 꼭 보고 싶다.

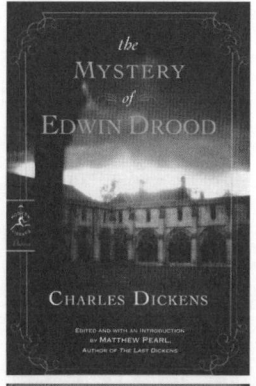

호빗(The Hobbit)(2012, 2013, 2014) by J. R. R. 톨킨

J. R. R. 톨킨은 판타지 소설의 고전인 『반지의 제왕(The Lord of the Rings)』(1954) 작가로 세계적인 명성을 누리고 있는데, 그 반지의 제왕 시리즈의 출발점이 바로 『호빗』이다.

고등학생일 때 친구가 안 보는 책이라며 내게 줬는데 한동안 책장에 꽂혀 있다가 심심해서 펼쳐본 후 단번에 끝까지 읽게 되었다. 그만큼 흡입력이 대단하며 스토리도 영화 「반지의 제왕」 못지않게 스펙터클하다. 영화 「호빗」에서는 영국 드라마 「셜록」의 왓슨 역으로 유명해진 마틴 프리먼이 주인공 빌보 배긴스를 연기하고 「반지의 제왕」 시리즈의 감독 피터 잭슨이 감독을 맡았다. 다양한 볼거리는 물론 감동과 교훈을 주는 작품이다. C.S. 루이스는 소설 〈호빗〉에 대해 '예측이란 위험한 일이지만 〈호빗〉은 고전의 반열에 들 것이다' 라고 말했는데 루이스의 위험한 예측은 정확히 들어맞았고 호빗은 반지의 제왕과 더불어 시간을 거스르는 고전이 되었다.

할로우 크라운(The Hollow Crown)(2012~) by 윌리엄 셰익스피어

2012년부터 BBC가 방영한 텔레비전 시리즈로 셰익스피어의 여러 작품들을 묶었다. 리처드 2세부터 헨리 4~6세, 리처드 3세까지 영국 왕들의 연대기를 자세하게 다룬다. 제목은 부와 명예, 권력이 모두 따라오는 왕관이 사실은 텅 빈 허상에 불과하다는 것을 암시한다. 셰익스피어의『리처드 2세』원작을 읽으면서 드라마와 비교해본 결과, 원작의 짧은 장면들이 중간중간 생략된 것 외에 대사가 거의 토씨 하나도 빠뜨리지 않고 그대로 담겼다. 훌륭한 연출과 더불어 눈을 사로잡는 건 배우들의 연기다. 영국인으로서 셰익스피어 작품에 출연한다는 것은 배우에게 연기력을 인정받는 기회이자 큰 영광일 것이다. 그래서인지 벤 휘쇼, 톰 히들스턴, 패트릭 스튜어트 등 영국의 내로라하는 배우들이 어떻게 보면 지루한 연대기 같은 이 작품에 기꺼이 출연했다. 셰익스피어를 좋아한다면 꼭 봐야 할 시리즈다.

맥베스(Macbeth)(2015) by 윌리엄 셰익스피어

대학교 때 교수님이 오손 웰스(Orson Welles) 감독 의 1948년 「맥베스」를 보여주셨다. 그때 흑백으로 된 그 영화를 보며 적잖은 충격을 받았던 기억이 있다. 누군가의 말 한마디가 사람의 내면을 조종하고 그로 인해 본인과 주변 인물들에게 잔인한 영향이 미치는 모습이 사실적, 극단적으로 묘사된 작품이다. 오손 웰스가 영화의 감독과 주인공 맥베스 역을 모두 맡았다. 그리고 2015년에 마이클 패스벤더와 마리옹 꼬띠아르 주연의 새로운 「맥베스」가 나왔다. 두 사람 모두 내가 존경하는 배우이기에 기대를 했었는데 역시나 그 기대가 충족된 영화였다. 다만 2015년 작은 1948년 작과 달리 왕비가 점점 이성을 잃어가는 모습이 세밀하게 그려지지 않았다. 그래도 마리옹 꼬띠아르의 연기는 언제나 그렇듯 훌륭하며, 영화가 시작해서 끝날 때까지 시시각각 변하는 마이클

패스벤더의 얼굴은 맥베스의 심리적 변화를 고스란히 느낄 수 있게 해준다. 또한 이 작품은 스코틀랜드 배경으로 해 스코티쉬 액센트를 들을 수 있다.

성난 군중으로부터 멀리(Far From the Madding Crowd)(2015) by 토마스 하디

1967년에 이어 2015년에도 영화로 만들어졌다. 벨기에 배우이자 프로듀서인 마티아스 쇼에나에츠와 영화 「위대한 개츠비」로 잘 알려진 캐리 멀리건이 주연을 맡았고 톰 스터리지, 주노 템플이 조연으로 출연한다. 여성이라면 집안일과 내조에 충실하던 1870년 빅토리아 시대를 배경으로 주인공 바세바 에버딘이 홀로 농장을 꾸려나가며 겪는 다사다난한 일들이 그려진다. 사회에서 요구되는 순종적이고 수동적이었던 여성의 모습과 상반되는 독립적이고 결연한 바세바의 모습은 시대를 앞서가며 많은 여성의 귀감이 된다. 본인의 삶을 갖기 위해서는 남성이 필요했던 옛 시절을 배경으로, 바세바가 진정으로 사랑하는 사람을 만나기까지 겪는 과정이 펼쳐지며 목가적인 풍경 묘사가 또 하나의 볼거리다.

로알드 달 시리즈(2023) by 웨스 앤더슨

영국인들이 정말 사랑하는 작가 로알드 달의 단편들을 우리나라 사람들이 정말 사랑하는 영화감독 웨스 앤더슨이 스크린으로 옮겼다. 영화는 마치 무대 위에서 펼쳐지는 연극처럼 전개되며 배우들은 관객을 보며 스크립트를 읽듯 연기한다. 때문에 발음이 매우 명확하며 마치 오디오북을 듣는 것 같다. 〈기상천외한 헨리 슈거 이야기(The Wonderful Story of Henry Sugar)〉, 〈독(Poison)〉, 〈백조(The Swan)〉, 〈쥐잡이 사내(The Rat Catcher)〉 이렇게 네 편이 있는데 개인적으로 〈백조〉가 굉장히 좋았다. 20분이 채 안 되는 짧은 에피소드라 부담 없이 볼 수 있고 웨스 앤더슨 영화의 영상미는 말할 필요도 없지만 역시나 감각적이고 매력적이다. 글씨가 빽빽하게 들어찬 두꺼운 영문학이 부담스러워 읽기를 주저하고 있었다면 로알드 달의 작품들을 시도해보는 것도 좋다. 텍스트와 영화 대사를 비교해봤더니 책에 나오는 문장들 중 전개에 필요한 문장을 골라 그대로 또는 약간 축약해서 읽었다. 먼저 영화를 보며 대사를 익히고 책을 읽으면 익숙한 문장들이 나와 학습효과가 매우 좋으리라 생각한다.

CHAPTER 8.

킹 제임스 성경과
영국 영어

1. 킹 제임스 성경이 영국을 만들었다

England has two books, the Bible and Shakespeare.
England made Shakespeare, but the Bible made England.
— Victor Hugo

영국에는 성경과 셰익스피어, 두 권의 책이 있다.
영국은 셰익스피어를 만들었지만, 성경은 영국을 만들었다.
— 빅토르 위고, 작가

빅토르 위고의 말보다 더 성경, 셰익스피어, 그리고 영국의 관계를 잘 나타낸 말은 없을 것이다. 영국의 언어인 영어의 역사, 더 나아가 문학의 역사에서 성경과 셰익스피어는 불가분한 관계에 있다. 성경이 없다면 영국과 영어는 미완성의 불안정한 존재일 것이다. 성경의 수많은 번역본 가운데 킹 제임스 성경(King James Version)은 영국뿐 아니라 미국에서 가장 많이 읽힌다. 역사학자 마크 놀에 의하면 2014년을 기준으로 미국에서 킹 제임스 성경을 읽는 비율은 55퍼센트고 한국에서 대중적으로 가장 많이 알려진 개역개정(New International Version)을 읽는 비율은 19퍼센트라고 한다.

    2011년은 킹 제임스 성경이 세상에 나온 지 400주년이 되는 해였다. 1604년 영국 왕이었던 제임스 1세의 명에 따라 성공회 소속 학자 47명이 성경 번역을 시작해 1611년 임무를 완수했다. 그렇게 해서 완성된 킹 제임스 성경은 종교 영역뿐 아니라 문학 및 언어 분야에서도 한 획을 그었다. 언뜻 킹 제임스 성경을 단순히 기독교와 관련된 종교서라고만 생각할 수 있는데, 사실 이 성경은 영어의 역사에서 주춧돌 같은 역할을 했다.

원래 영어는 평민의 천한 말

지금은 전 세계에서 공용어로 쓰이지만 중세 영국에서 영어는 푸대접을 받았다. 영어가 영국의 대표 언어가 되기까지 그 자리에는 프랑스어가 있었다. 1066년 프랑스의 정복왕 윌리엄(William the Conqueror)에게 영국 왕좌를 내어준 후 프랑스어는 영국 왕실의 언어가 되었다. 당시에는 평민과 다른 언어를 사용한다는 것은 곧 권력이자 특권이었기에 영국뿐 아니라 유럽 대부분의 국가, 심지어 러시아에서도 지배 계급은 프랑스어를 썼다. 게다가 14세기에는 지식인들이 라틴어까지 썼기 때문에 영어가 낄 자리는 없었다. 즉 영국에서 프랑스어와 라틴어는 고급 언어였고 영어는 아랫것들이나 쓰는 천한 말에 불과했다.

성경 또한 영어와 관련해 오랫동안 수난을 겪었다. 1300년대와 1400년대만해도 교황을 중심으로 한 로마 가톨릭교회는 성경이 평민의 언어였던 영어로 번역되는 것을 금지했다. 지배층은 평민이 성경을 읽는 행위 자체를 위협으로 느꼈다. 당시엔 인쇄기술이 발전하지 않아 성경은 물론 평민이 영어로 된 글을 접하는 것 자체가 거의 불가능했다. 그런 사회적 분위기속에서 1382년 종교 개혁자 위클리프(John Wycliff, 1320~1384)는 성경의 영어 번역을 감행했다. 그의 목숨을 건 결단과 실행으로 드디어 평민도 성경을 읽을 수 있는 역사적인 순간이 왔다. 하지만 이 위대한 업적을 이룬 위클리프는 사후에 이단으로 규정되어 죽은지 44년이 되던 1428년, 교황 요한 23세의 명령에 의해 유골이 파헤쳐져 저서와 함께 불살라지는 수모를 겪었다. 특정 계층의 권력을 유지하기 위해선 이런 일도 감행되었다. 성경이 우리의 언어로 모두에게 주어진 현 시대가 얼마나 귀중한지 한 번 더 되새겨주는 사건이다. 이처럼 성경의 영어 번역은 죽어서도 고초와 능욕을 받을 수 있는 일이었다.

이렇게 파란만장한 역사를 보낸 영어는 1611년 새로운 시작을 맞는다. 제임스 1세의 주도로 성경이 영어로 번역되어 킹 제임스 성경이 발간된 것이다. 이로써 교회와 가정에 영어 성경이 보급되었고 점차 영국 국민은 자신들의 모국어가 얼마나 아름답고 위대한지 깨닫게 되었다. 그리고 이를 계기로 평민이 일상에서 쓰던 영어가 영국의 주요 언어로 자리 잡기 시작했다. 마틴 루터에 의해 번역된 독일어 성경이 수세기 동안 독일어의 표준이 됐던 것과 마찬가지로. 킹 제임스 성경은 19세기 말까지 무려 3세기 동안 영국 국교회의 유일한 공식 성경으로 사용되며 그 위상을 굳건히 했다.

영국 왕은 왜 프랑스어를 썼을까

이쯤에서 영어와 프랑스어의 관계를 다시 살펴보는 것이 좋겠다. 프랑스어를 접해본 사람이라면 영어와 프랑스어의 유사성에 놀라게 된다. 발음은 다를지라도 스펠링이 완벽하게 똑같거나, 같은 단어지만 뜻은 완전히 다른 경우도 있다. 실제로 영어 단어 중 29퍼센트가 프랑스어에서 왔다고 한다. 29퍼센트면 놀라울 정도로 높은 비율이다. 에티켓(etiquette), 쿠폰(coupon), 앰뷸런스(ambulance), 치과의사(dentist) 등 일상생활에서 쉽게 접하는 이 단어들은 사실 프랑스어다.

그런데 두 언어가 이처럼 유사성을 갖게 된 이유는 뭘까. 일단 영국과 프랑스는 비행기로 겨우 1시간 거리일 정도로 지리적으로도 아주 가깝고 역사적으로도 깊이 관련되어 있어서 여러 공통점이 있다. 하지만 널리 알려진 것처럼 영국과 프랑스는 오랫동안 앙숙이었다. 두 나라는 셀 수 없이 많은 전쟁과 함께 서로의 왕위를 뺏고 뺏는 각축전을 벌여왔다. 1337년부터 1453년까지, 장장 116년 동안 지속된 백년전쟁만 보아도 그렇다. 어떻게 전쟁을 백 년이나 지속할 수 있었을까. 크고 작은 전쟁이 끊이질 않는 현재의 중동 지역과 아마 비슷했을 것이다.

역사를 거슬러 올라가면 놀랍게도 무려 14세기까지 영국 왕은 모국어로 프랑스어를 사용했다. 지식인들은 프랑스어와 라틴어를 썼고 영어는 소작농들이 쓰던, 표현의 범위가 좁은 수준 낮은 언어였다. 왕이 프랑스어를 사용했으니 왕실과 상류층도 마찬가지였다. 일상어뿐 아니라 정치나 법률 용어도 프랑스어였다. 따라서 자연스럽게 프랑스어가 영어에 영향을 미친 것이 당연하다. 게다가 게르만

어에서 비롯된 영어와 달리 프랑스어는 당시 영향력이 막강했던 라틴어에 그 뿌리가 있기 때문에 도태되지 않고 주변으로 뻗어나갔고 결과적으로 영어와 프랑스어는 발음만 조금 다르고 거의 일치하는 단어들이 아주 많아졌다. 『영국사와 영어사』라는 책은 1250년부터 1400년까지 영국 왕실과 프랑스 왕실 간의 혼인이나 문화적 교류 등을 통해 영어의 프랑스어 차용이 가장 활발했다고 밝힌다. 이 기간에 집필된 초서의 『캔터베리 이야기』는 분석 결과, 어휘의 10~15퍼센트를 프랑스어에서 차용했다고 한다.

프랑스에게 왕위를 내어준 후에도 수없이 주인이 바뀐 영국의 왕좌는 결국 영국인에게 다시 돌아갔다. 그리고 비록 백년전쟁에선 영국이 패했지만 이후엔 영국이 영토로 보나 세계적 영향력으로 보나 프랑스보다 한 수 위였다. 시간이 지나면서 영어는 제 위상을 찾는 듯했지만 몇 세기 동안 영국 왕실과 지배층이 써온 언어를 한순간에 바꾸기란 절대 쉬운 일이 아니었다. 이런 시대적 배경 속에서 킹 제임스 성경이 등장했다.

킹 제임스 성경 발간으로 영어가 발전하다

1604년 햄튼 코트, 주교들과 청교도 대표들이 모인 자리에서 제임스 왕은 신하 존 레이놀즈가 제안한 비숍 성경과 제네바 성경을 대체할 단일 역본의 번역을 승인한다. 제임스 왕이 역사상 가장 훌륭한 번역을 명령한 뒤로 검증에 검증을 거치는 까다로운 작업이 당대 최고의 학자들에 의해 진행되었다. 그리고 1611년 위대한 과업이 끝나고 드디어 킹 제임스 성경이 세상에 그 모습을 드러냈다.

오랜 세월 동안 프랑스어에 치이다가 겨우 제자리를 찾은 영어로 집필된 킹 제임스 성경에 대한 영국인의 자부심은 대단하다. 수많은 학자가 킹제임스 성경의 영어 표현을 연구하고 그 우수성에 대한 논문을 발표한다. 킹제임스 성경 400주년을 기념해 BBC에서 보도한 기사 「King James Bible: How it Changed the Way We Speak(킹제임스 성경: 어떻게 우리가 말하는 방식을 바꾸었나)」는 유명 학자와 작가들의 말을 인용하며 어떻게 킹제임스 성경이 영어라는 언어에 강력하게 영향을 미쳤는지 설명했다. 이 성경에서 나온 표현들인 마태복음 15장 14절의 'The blind leaders of the blind(눈먼 자들을 인도하는 눈먼 지도자들)', 사도행전 17장 6절의 'Turned the world upside down(세상을 뒤집어엎다)', 로마서 3장 4절의 'God forbid(하나님께서 금하시기를 바란다).' 등은 현재까지도 자주 쓰인다. 기사에서 옥스퍼드 대학의 신학교수 앨리스터 맥그레스(Alister McGrath) 교수는 킹제임스 성경이 당시 런던의 유력자들(movers and shakers)에게 중대한 영향을 미쳤음을 강조했다. 그리고 일반인들은 유력자들이 쓰는 영어를 '좋은 영어'라고 생각했다고 한다.

 킹 제임스 성경은 영어의 구조를 정립하는 역할도 했다. 맥그레스 교수는 자신의 저서 『In the Beginning: The Story of the King James Bible and How It Changed a Nation, a Language, and a Culture(처음에: 킹 제임스 성경이 한 나라, 언어, 문화를 바꾼 이야기)』(2001)에서 '킹 제임스 성경이 없었다면 『실낙원』, 『천로역정』, 헨델의 「메시야」, 흑인 영가 그리고 게티즈버그 연설은 없었을 것'이라고 밝혔다. 이처럼 킹 제임스 성경은 문학뿐 아니라 음악, 정치 분야에도 막대한 영향을 주었다.

 킹 제임스 성경이 일상 언어로서의 영어에 미친 영향도 과소평가할 수 없다. 예를 들어 맥주를 칭하는 단어 'beer'는 성경 속 지명인 'Beer(브엘)'로부터 파생되었다. 민수기 21장 16절을 보면 'And from thence they went to Beer: that is the well whereof the Lord spake unto Moses, Gather the people together, and I will give them water(그들이 거기서 브엘로 갔는데 그것은 주께서 모세에게 말씀하시기를, 백성을 함께 모으라. 내가 그들에게 물을 주리라, 하시던 우물이니라).'라는 구절이 있다. 원래 우물을 뜻하던 단어 beer는 시간이 지나며 의미가 변해 현재 우리가 쓰는 맥주를 가리키는 단어가 되었다. 미국 기독교 역사학자인 마크 놀(Mark Noll)은 「A World without the King James Version(킹 제임스 성경이 없는 세상)」이라는 글에서 adoption, beautiful, glory, horror, mystery 같은 단어들은 킹 제임스 성경 이전부터 쓰이긴 했지만 킹 제임스 성경에 이 단어들이 사용되면서 본격적으로 영어에 자리 잡았다고 밝혔다.

킹 제임스 성경과 영문학

킹제임스 성경은 문학과도 밀접한 관계가 있다. 찰스 디킨스는 신약 성경을 'The very best book that ever was or ever will be known in the world(세상에서 알려진 혹은 알려질 최고의 책).'라고 했고, 역사상 가장 아름다운 서사시라고 평가되는 『실낙원』에 대해 스코틀랜드와 빅토리안 문학 교수인 이안 캠벨(Ian Campbell)은 '존 밀턴이 어디에서 그 언어의 일부를 가져왔는지 생각해보지 않고선 『실낙원』을 읽을 수 없다.'고 했다.

심지어 다수의 반기독교적인 작품들을 저술한 진화생물학자 리처드 도킨스 역시 2012년 영국 일간지 「가디언(The Guardian)」에 왜 성경 가운데 킹제임스 성경을 읽어야 하는지에 대한 의견을 밝혔다. 이때 그는 'go the extra miles', 'no peace for the wicked' 등 현재 흔히 쓰이는 표현의 기원으로 킹제임스 성경을 들었다. 물론 그는 성경을 단지 문학으로 간주해 읽어야 한다고 했지만 그럼에도 킹 제임스 성경의 언어적 탁월성을 인정했다.

지금 성경은 NIV, ESV(English Standard Version), NRSV(New Revised Standard Version) 등 셀 수 없이 많은 버전으로 새롭게 번역되고 있다. 용어들이 현대식으로 계속해서 재해석되다 보니 본질과 원뜻에서 벗어나는 일이 생기기도 한다. 독자들의 수준과 필요에 맞추기 위해 심지어 슬랭까지 쓰는 현대 버전들과 비교할 때 킹 제임스 성경이 구식처럼 보이는 건 사실이다. 하지만 현대 독자들이 어려워할 거라는 이유로 만약 셰익스피어의 작품을 요즘 사람들이 쓰는 말로 바꾼다면 과연 셰익스피어 본연의 가치가 남아 있다고 할 수 있을까?

영어의 발전에 킹 제임스 성경은 지대한 영향을 미쳤다. 비록 현대인들에게 익숙하지 않은 고어로 되어 있어도 여전히 특별한 의미가 있다고 할 수 있다.

2. 킹 제임스 성경에서 나온 숙어들

킹 제임스 성경에 등장해 일상적인 표현으로 자리 잡은 숙어들을 모아보았다.

■ **God save the king** 하나님께서 왕을 구원하시기를 바란다
And Samuel said to all the people, See ye him whom the LORD hath chosen, that there is none like him among all the people? And all the people shouted, and said, God save the king. — 1 Samuel 10:24

- 현재에 이르기까지 새로운 왕이 즉위할 때에도 쓰고 과거에는 왕에게 문안할 때에도 썼던 표현이다. 영국 국가의 제목으로 국왕 폐하를 지켜주고 구원해달라는 의미를 담고 있다.

■ **All things must come to pass** 모든 일이 반드시 일어나야 한다
And ye shall hear of wars and rumours of wars: see that ye be not troubled: for all these things must come to pass, but the end is not yet.
— Matthew 24:6

■ **Apple of one's eye** 눈에 넣어도 아프지 않은 존재, 눈동자
Keep my commandments, and live; and my law as the apple of thine eye.
— Proverbs 7:2

Keep me as the apple of the eye, hide me under the shadow of thy wings. — Psalm 17:8

- 본인이 정말 소중히 여기고 사랑하는 대상을 말할 때도 쓴다. 시트콤〈프렌즈〉에서 혼인신고를 취소했다고 거짓말하고 실제로 하지 않은 로스가 지나갈 때 레이첼이 비꼬듯이 "Look who it is, my husband. The apple of my eye!(이게 누구야, 내 남편이네. 내 사랑!)"라고 한다.

■ At one's wits' end 어찌할 줄을 모르다
They reel to and fro, and stagger like a drunken man, and are at their wits' end. — Psalm 107:27

■ Dust to dust 먼지는 먼지로
In the sweat of thy face shalt thou eat bread, till thou return unto the ground; for out of it wast thou taken: for dust thou art, and unto dust shalt thou return. — Genesis 3:19

- 영국의 장례예식에서 주로 읽는 성공회 기도문에서는 'Earth to earth, ashes to ashes, dust to dust'라고 한다. 우리가 만들어진 곳으로 되돌아간다는 뜻으로 인생의 덧없음을 말한다. 비슷한 표현으로 동양에서는 공수래공수거를 쓴다.

■ Go the extra mile 한층 더 노력하다
And whosoever shall compel thee to go a mile, go with him twain.
— Matthew 5:41

■ A law unto oneself 자기 자신의 행동의 기준을 정하는 사람
For when the Gentiles, which have not the law, do by nature the things contained in the law, these, having not the law, are a law unto

themselves. — Romans 2:14

- 현재는 관례를 무시하고 자기 생각과 마음대로 행동하는 사람을 가리킨다.

■ **No peace for the wicked 사악한 자들에게는 평화가 없다**
There is no peace, saith the LORD, unto the wicked. — Isaiah 48:22

- Peace 대신 rest를 넣은 'No rest for the wicked'라고도 많이 쓴다.

■ **Reap what you sow 심은 대로 거두다**
Be not be deceived; God is not mocked: for whatsoever a man soweth, that shall he also reap. — Galatians 6:7

■ **Sour grape 신포도, 못 먹는 감**
In those days they shall say no more, The fathers have eaten a sour grape, and the children's teeth are set on edge. — Jeremiah 31:29

- 우리가 현재 쓰는 신포도 비유는 사실 성경보다는 이솝 우화에서 쓰인 내용에 가깝다. 손이 닿지 않아 먹을 수 없는 높은 곳에 있는 포도를 보며 어차피 시고 맛이 없을 거라 생각하는 태도로 무언가를 원하지만 그것을 가질 수 없는 상태이기 때문에 부정적인 자세를 취하거나 원하지 않는 척, 즉 정신승리를 말한다.

■ **Set one's teeth on edge 불편하게 하다, 이를 악물게 하다**
But every one shall die for his own iniquity: every man that eateth the sour grape, his teeth shall be set on edge. — Jeremiah 31:30

■ **It is high time 벌써 ~할 때(시간)다**
And that, knowing the time, that now it is high time to awake out of

sleep: for now is our salvation nearer than when we believed. — Romans 13:11

- 아마 이 섹션에서 소개된 그 어떤 표현들보다 실생활에서 많이 쓰이는 표현일 것이다. It's about time, it's time으로 대체해서 쓸 수 있다.

■ Sign of the times 시대의 표적

And in the morning, It will be foul weatherto day: for the sky is red and lowering. O ye hypocrites, ye can discern the face of the sky; but can ye not discern the signs of the times? — Matthew 16:3

■ Put words in one's mouth 말을 유도, 강요하다

And come to the king, and speak on this manner unto him. So Joab put the words in her mouth. — II Samuel 14:3

- Put ideas in one's head라고도 쓴다.

■ The salt of the earth 빛과 소금

Ye are the salt of the earth: but if the salt have lost his savour, wherewith shall it be salted? It is thenceforth good for nothing, but to be cast out, and to be trodden under foot of men. — Matthew 5:13

■ The spirit is willing but the flesh is weak 영은 원하지만 육신은 연약하다

Watch and pray, that ye enter not into temptation: the spirit indeed is willing, but the flesh is weak. — Matthew 26:41

■ Scapegoat 희생양

And Aaron shall cast lots upon the two goats; one lot for the LORD, and the other lot for the scapegoat. — Leviticus 16:8

- 구약시대에는 죄를 지으면 그 죄를 전가할 염소가 필요했다. 현재는 어떤 문제적인 상황에서 부당하게 책임을 지게 된 무고한 사람을 가리킨다.

■ **Two-edged sword 양날의 검**

But her end is bitter as wormwood, sharp as a two-edged sword.
— Proverbs 5:4

3. 제임스 왕 이야기

킹 제임스 성경이라는 위대한 성경의 번역을 명령한 제임스 왕은 과연 어떤 인물이었을까?

결혼을 하지 않은 엘리자베스 1세 여왕의 후계자 자리는 공식적으로 공석이었다.[1] 세간의 관심에도 여왕은 아랑곳없이 후계자를 미리 임명하지 않다가 임종 직전에야 이웃 스코틀랜드를 통치하던 제임스 6세(Charles James Stuart)를 후계자로 임명한 뒤 숨을 거둔다.

제임스 왕은 1566년 6월 19일 스코틀랜드의 여왕이었던 메리 스튜어트의 아들로 에든버러성에서 태어났다. 그는 겨우 생후 13개월 때 반란 탓에 폐위된 어머니 메리 스튜어트 대신 제임스 6세로 스코틀랜드 왕이 되었다. 어린 아기가 왕좌에 앉아 있었으니 얼마나 많은 스코틀랜드 귀족들이 섭정하려 들며 온갖 간섭과 참견을 했을지 뻔하다. 그럼에도 굳건히 왕좌를 지킨 제임스 6세는 1603년 엘리자베스 1세의 서거와 함께 제임스 1세가 되어, 영국 국왕 최초로 잉글랜드와 스코틀랜드, 아일랜드의 통합 국가를 22년간 통치하게 된다. 이와 함께 영국에서 튜더 왕조는 끝나고 스튜어트 왕조 시대가 열린다.

사실 성경의 번역을 명령한 것을 제외하고 제임스 왕은 눈에 띄는 업적이 별로 없을 뿐 아니라 심지어 의회와 계속 갈등을 빚어 의회와 국민에게 그다지 인기

---

1 영국의 저명한 철학자 프랜시스 베이컨(Francis Bacon)이 엘리자베스 1세와 그녀의 총애를 받은 귀족이자 숨겨진 연인으로 알려진 레스터 경(Robert Dudley)과의 사이에서 태어난 사생아라는 설이 있다. 만약 이 설이 사실이었다면 프랜시스 베이컨은 엘리자베스 여왕의 뒤를 이어 잉글랜드의 통치자가 되었을 것이다.

가 좋지는 않았다. 오히려 왕권신수설을 신봉하고 가톨릭과 청교도를 억압해 많은 국민이 반발했고 그로 인해 그 유명한 '화약 음모 사건(Gunpowder Plot)'의 타깃이 된다. 이 사건은 어찌 보면 심심했던 제임스 왕의 연대기에서 가장 극적인 일이었다.

종교적인 분쟁과 긴장이 나라 전체를 뒤덮고 있던 1605년 11월 5일, 신교도 위주의 정책에 불만을 품고 있던 몇몇 독실한 가톨릭 신자들은 제임스 왕을 암살하려는 음모를 꾸몄다. 주도자는 가이 폭스(Guy Fawkes)였고 영국의 의사당 건물인 빅벤(Big Ben) 지하에 화약을 숨겼다가 터뜨리려 했지만 가담자 중 한명이 익명의 편지로 계획을 제보하는 바람에 현장에서 붙잡혀 처형된다. 이 사건 이후로 국왕의 의회 개회 선언 전 지하 저장고들을 수색하는 관습이 생겨났다.

만약 이때 폭스의 계획이 성공했더라면 런던의 상징으로 전 세계인들이 끊임없이 방문하는 현 국회의사당인 웨스트민스터궁의 시계탑 빅 벤이 폭발과 함께 사라졌을 수도 있고, 만약 그랬다면 셜록을 포함한 수많은 영국드라마들은 인트로 영상에 빅벤 대신 다른 상징을 등장시켜야 했을 것이다. 이 사건은 2004년 BBC에서 「Gunpowder, Treason & Plot(화약, 반역 및 음모)」라는 텔레비전 시리즈로 다루기도 했다. 한편 날렵한 눈썹과 수염, 의중을 알 수 없는 웃음을 짓는 가이 폭스의 얼굴을 형상화한 가면은 영화 「브이 포 벤데타(V for Vendetta)」에도 등장하고, 세계적으로 유명한 사이버 테러리스트 단체인 어나니머스(Anonymous)의 상징이기도 하다. 모순되게도 옛 시절의 반역자가 현재는 권력에 맞서 민중을 위해 싸우는 영웅의 얼굴이 된 것이다.

매년 11월 5일이 되면 영국에서는 역사를 바꿀 수도 있었던 가이 폭스의 모형을 불태우거나 모닥불을 피우고 불꽃을 쏘는 등 화약 음모 사건을 기념하는 행사가 열린다. 바로 가이 폭스의 밤(Guy Fawkes Night)이다.

    Remember remember!
    The fifth of November,
    The Gunpowder treason and plot;
    I know of no reason
    Why the Gunpowder treason

Should ever be forgot!
— 「The Fifth of November」, English Folk Verse

화약 음모 사건이 일어난 11월 5일을
기억하라! 기억하라!
왜 이 사건이 잊혀야 하리!
— 「11월 5일」, 영국 민요

    화약 음모 사건이 성공했을 경우 킹제임스 성경은 존재하지 않았을 것이다. 이 사건 후에도 성경의 번역 작업은 계속 진행되었고 1611년 드디어 One principal good one(단 하나의 주요한 역본)으로 새롭게 탄생한다. 이로써 의회와 끊임없이 대립하고, 가톨릭과 청교도를 성공회로 개종시키려 하는 등의 이유로 재위기간 그다지 지지받지 못했던 제임스왕은 몇 백 년이 지난 지금까지도 최고의 번역이라고 일컬어지는 위대한 업적을 남길 수 있었다.

4. 영국 영어를 둘러싼 역사

제임스 왕의 어머니였던 메리 스튜어트에 대해 좀 더 소개하고자 한다. 어찌 보면 킹 제임스 성경의 탄생은 메리 스튜어트에서부터 시작됐기 때문이다. 메리 스튜어트는 역사물과 미디어에서 온갖 칭송과 영광을 받는 엘리자베스 1세와 동시대에 살았고 숙명의 라이벌이었으나 엘리자베스 1세의 명성에 늘 가려진 인물이다. 보통은 반역을 꾀하다 처형당한 가톨릭 광신도 정도로 알려져 있으며, 심지어 블러디 메리(Bloody Mary)[2]라고 불렸던 엘리자베스 1세의 이복 언니인 메리 1세(Mary I of England)와 혼동되기도 한다.

그러던 메리 스튜어트의 파란만장했던 삶이 최근 재조명되고 있다. 2013년부터 2017년까지 방영된 미국 드라마 「레인(Reign)」과 2013년 개봉한 영화 「메리 퀸 오브 스코틀랜드(Mary Queen of Scots)」 그리고 유명 배우 시얼샤 로넌와 마고 로비가 주연을 맡은 동명의 영화(2018) 등 메리 스튜어트를 주인공으로 한 미디어들이 연이어 제작되면서부터다.

킹 제임스 성경의 탄생은 메리 스튜어트로부터

메리 스튜어트는 태어난 지 6일 만에 아버지 스코틀랜드의 제임스 5세가 서

---

[2] 헨리 8세의 첫 번째 부인이었던 아라곤의 캐서린의 딸로 1553년부터 1558년까지 6년간 영국을 통치했다. 독실한 로마 가톨릭 교도로 신교도들을 무자비하게 탄압해 블러디 메리(피의 메리)라고 불렸다.

거하면서 생후 9개월에 불과했던 1543년 9월, 스코틀랜드의 왕관을 쓰게 된다. 잉글랜드의 왕이었던 헨리 8세는 정치적인 목적으로 자신의 아들 에드워드와 메리를 결혼시키려 했지만 당시 딸 대신 스코틀랜드를 섭정하던 메리의 어머니인 마리 드 기즈가 이를 반대했고, 메리는 프랑스 왕세자인 프랑수아 2세와 결혼해 프랑스의 왕비가 되며 스코틀랜드를 떠나 프랑스에서 풍요롭고 화려한 유년을 보낸다. 하지만 그 평화로운 시절은 1560년 병약했던 프랑수아 2세의 이른 죽음과 함께 금방 막을 내린다. 같은 해 마리 드 기즈 역시 이미 세상을 떠난 터라 스코틀랜드의 왕좌는 비어 있었고, 시어머니였던 카트린 드 메디시스와 사이도 좋지 않았던 메리는 정들었던 프랑스를 떠나 스코틀랜드로 귀환한다.

메리는 고국으로 돌아와 다시 스코틀랜드 여왕 자리에 앉고 1565년 스튜어트 일가인 사촌 헨리 단리(Henry Stuart Darnley)와 재혼한다. 하지만 곧 단리의 술주정과 허영심에 환멸을 느끼게 되고 남편과 관계가 소원해지면서 비서였던 다비드 리치오와 가까워진다. 자신의 부인이 한낱 비서와 정을 통한다는 사실을 알게 된 단리는 일행들과 메리의 면전에서 리치오를 칼로 무참히 찔러 살해한다. 이때 메리는 임신 7개월이었고 배 속에 있던 아기는 훗날 영국과 스코틀랜드 통합 왕국의 왕이 될 제임스였다. 영화 「메리, 퀸 오브 스코틀랜드」에서는 단리와 리치오가 동성애를 나누었고 그 사실을 덮음과 동시에 왕권을 갖기 위해 단리의 아버지와 일행들이 메리를 간음죄로 몰아가 리치오를 살해하는 것으로 그려졌다. 몇 달 뒤 제임스가 태어나고 그다음 해인 1567년 단리는 저택에 화재가 일어나 시체로 발견된다. 이 사건에 대해서는 온갖 루머가 분분한데 당시 메리와 은밀한 관계에 있던 보스웰 백작에게 단리가 살해당했다는 설이 우세하다. 이 부분 역시 앞서 언급한 영화에서는 메리는 아무것도 모르는 상태에서 보스웰 백작이 꾸민 일로 나오지만 진실은 본인들만 알 것이다. 이로써 메리의 두 번째 결혼 생활도 비극적으로 끝난다.

얼마 뒤 보스웰 백작은 메리를 납치해 감금하고 그녀를 협박해 결혼한다. 그런데 이 사건이 정말 납치와 협박에 의한 결혼이었는지 자의에 의한 것이었는지 확실치는 않지만, 보스웰 백작과 눈이 맞은 메리가 합의하에 벌인 사건이라고 널리 알려져 있다. 보스웰 백작과의 결혼 이후 메리는 전 남편을 살해했다는 의심을 받고 이와 동시에 민심까지 잃어 폐위된다. 메리는 어쩔 수 없이 이제 돌이 갓 지난 아들 제임스에게 왕좌를 물려주고, 보스웰 백작과의 사이에서 쌍둥이를 임신한 상태로 로클레벤성에 유폐되는데 결국 유산하고 만다. 이 와중에도 메리는 끊임없이 재기를 노리며 세력을 모아 잉글랜드로 도피한다. 하지만 잉글랜드에 도착한지 얼마 되지 않아 반역을 꾀한 사실이 발각되고 엘리자베스 1세에 의해 잉글랜드 영지에 구금되어 18년간 유폐되어 지낸다.

    18년은 긴 세월이다. 왜 엘리자베스 1세는 같은 혈통의 친척인 메리 스튜어트를 이토록 견제했을까? 엘리자베스 1세는 아버지가 헨리 8세였으나 어머니가 간통죄로 처형당한 앤 불린이었기에 사생아라는 오명을 벗을 수 없었고, 가톨릭 신자들로부터 개신교를 옹호한다는 이유로 적대적으로 여겨졌다. 그에 비해 메리는 독실한 로마 가톨릭 신자였으며 스튜어트가(家) 혈통을 이어받은 잉글랜드의 왕위 계승자 중 하나였다. 또 엘리자베스 1세의 사촌이었던 제임스 5세의 적녀인 메리는 엘리자베스 1세보다 왕위 계승 서열이 더 높았다. 때문에 메리는 자신이 잉글랜드 여왕의 적법자임을 은연중에 드러내어 종종 엘리자베스 1세의 심기를 건드렸다. 왕관을 머리에 쓰기까지 어린 나이에 갖은 수모와 고초를 겪은 엘리자베스 1세에게 왕위는 절대 빼앗길 수 없는, 빼앗겨서는 안 되는 보호막 같은 것이었다. 이런 상황에서 종교적인 분쟁이 꿈틀거리기 시작하니 엘리자베스 1세에게 메리 스튜어트의 망명은 절대로 반가운 일이 아니었다.

    두 사람 간의 갈등을 더욱 악화시킨 것은 메리 스튜어트의 계속되는 반역 음모였다. 유폐되어 있는 동안 신교 위주의 여왕에 불만을 품고 있는 구교도들, 그리고 당시 잉글랜드와 숙적 관계였던 가톨릭 국가 스페인과 함께 반역을 꾀했다.[3] 이 음모들은 번번이 발각되어 메리를 처형하라는 여론이 각처에서 불붙듯 끓어오르고 결국 엘리자베스 1세는 메리 스튜어트의 처형을 승인하는 서명을 한다. 1587년 2월 8일, 한때 프랑스의 왕비였고 스코틀랜드의 여왕이었던, 격동의 인생을 산 메리 스튜어트는 단두대에서 참수되는 종말을 맞는다. 처형될 때 그녀가 가톨릭을 상징하는 눈부신 주홍색 드레스를 입었다는 일화는 유명하다. 엘리자베스 1세가 스코틀랜드의 제임스에게 왕위를 물려주면서, 메리 스튜어트가 그토록 원했지만 갖지 못한 잉글랜드의 왕좌에는 그녀의 아들이 대신 앉는 영광을 누리게 된다.

---

3   어떤 자료에서는 엘리자베스 1세가 메리를 반역죄로 몰았다고 말하기도 한다.

만약 수많은 역사적 사건들이 없었다면 영어의 운명은?

킹 제임스 성경의 탄생까지 이렇게나 많은 역사적 사건들이 있었다. 그중 만에 하나라도 발생하지 않았다면 킹 제임스 성경은 발간되지 못했을 것이며 영어의 위상도 지금과 같지 않았을 것이다.

만약 헨리 8세가 첫 번째 아내였던 아라곤의 캐서린과 이혼하기 위해 로마 가톨릭과 결별하고 성공회를 설립하지 않았다면 어떻게 됐을까? 아마도 개신교는 청교도들이 그랬던 것처럼 영국을 떠나 종교박해를 피해 새로운 땅을 개척해서 살아야 했을 것이다. 그렇다면 영국의 국교는 계속해서 가톨릭이었을 테고 허락된 자들만 성경을 볼 수 있는 관습에 따라 일반인에게 성경은 공개되지 않았을 것이다.

만약 메리가 헨리 8세가 원하던 바에 따라 그의 아들 에드워드와 결혼을 했다면? 에드워드는 헨리 8세 이후 에드워드 6세로 즉위했는데 6세에 왕이 되고 15세에 요절했다. 에드워드 6세가 죽은 해는 1553년으로 메리가 11세 때다. 둘 사이에 아마도 아이가 없었을 것이므로 메리가 남편에 이어 잉글랜드를 통치했을 것이다. 그렇다면 잉글랜드는 독실한 가톨릭 교도였던 메리 스튜어트로 인해 가톨릭 국가로 남았을지 모른다.

메리의 첫 번째 남편이었던 프랑수아가 요절하지 않았다면 어떻게 됐을까? 분명 메리는 프랑스에 계속 살면서 그의 아기를 낳았을 테고 제임스 왕은 세상에 태어나지 않았을 것이다.

만약 엘리자베스 1세가 독신으로 남지 않고 결혼해 적자를 낳았다면 제임스 왕은 잉글랜드의 왕이 되지 못하고 스코틀랜드에 남아 있었을 테고 통치권을 둘러싸고 온갖 음모와 분란, 종교 분쟁이 끊이지 않았던 스코틀랜드에서 과연 성경의 번역을 명령했을지 의문이다.

만약 메리가 엘리자베스 1세에 대항해 반역에 승리했다면 어땠을까? 메리는 잉글랜드의 여왕이 되었을 것이고 영국은 역시 가톨릭 국가로 남았을 것이다. 만약 가톨릭이 영국의 국교였다면 성경의 영어 번역은 목숨을 거는 일이었을 테니 제임스 왕이 어머니의 가톨릭 신앙을 물려받았을 것이라는 가정하에 킹 제임스 성경은 탄생하지 않았을 가능성이 높다.

이처럼 긴밀하게 관련된 사건들 속에서 영어는 뿌리 깊게 성장하고 살아남아 지금 세계 인구의 약 3분의 1이 사용하는 언어가 되었다.

Your native language is the language of
Shakespeare and Milton and the Bible.
— George Bernard Shaw

당신의 모국어는 셰익스피어와 밀턴, 그리고 성경의 언어다.
— 조지 버나드 쇼, 극작가

EPILOGUE

21세기부터 시작해 과거로 돌아가 영어의 성장 과정을 살펴보았다. 지금은 융숭한 대접을 받지만 영어는 결코 순탄한 시절을 보내지 않았다. 파란만장한 비하인드 스토리 없이 역사의 주인공이 되기는 힘든 것 같다. 오랫동안 수모와 수치를 겪은 영어는 정말이지 주인공이 될 만한 요소들을 모두 갖추고 있다.

비록 과거의 찬란한 위상은 영국의 겨울 해처럼 빠르게 저물고 있지만 영국 영어는 현대 영어의 뿌리이자 모태로서 보존되어야 할 뿐 아니라, 그 가치가 지속적으로 연구되고 전파되며 계승되어야 한다. 또한 이 위대한 언어가 태어나 훌륭하게 자랄 수 있도록 양분과 터를 제공한 영국이라는 나라 역시 존경받아야 마땅하다. 영국 영어는 여러 영어 중에서 가장 정확하며(precise) 정제되었고(refined) 정통적이다(authentic). 영국 영어와 그 진가를 제대로 알리는 과정에 내가 작게나마 기여했다는 것이 기쁘다.

이 책에 나는 영국에 대한 지식과 추억, 소망 등을 모두 쏟아냈다. 영국과 영국 영어에 대해 알고자 하는 독자가 내가 그랬던 것처럼 그 매력에 흠뻑 빠지길 바란다.

영어와 문화, 문학에 초점을 맞추다 보니 영국의 음악을 본격적으로 소개하지 못해서 아쉬운 마음이 들지만, 무엇보다 '죽기 전에 책 열 권 이상 쓰기'라는 인생 목표 중에서 10분의 1을 달성할 수 있게 되어서 행복하다. 이를 도와주신 안나푸르나 김영훈 대표님과 실용적인 조언을 해주신 권석하 선생님께 감사드린다.

무모하고도 비현실적이었던 나의 영국행이 현실이 되도록 도와주신 부모님과 언제나 내 선택과 넘쳐나는 꿈을 믿고 응원해준 가족, 특히 영어와 문학에 대한 견해와 감동을 아낌없이 나눌 수 있는 쌍둥이 언니에게 사랑과 감사를 전한다.

BIBLIOGRAPHY

[단행본]
『세상을 바꾼 책 킹 제임스 성경』, 그리스도예수안에 편저, 김용묵 · 정동수 옮김, 그리스도예수안에, 2016
『셰익스피어는 없다』, 버지니아 펠로스 지음, 정탄 옮김, 눈과마음, 2008
『영국, 바꾸지 않아도 행복한 나라』, 이식 · 전원경 지음, 리수, 2000
『영국사와 영어사』, 박상수 지음, 부산대학교출판부, 1999
『영국에 영어는 없었다』, 김동섭 지음, 책미래, 2016
『영국인 발견』, 케이트 폭스 지음, 권석하 옮김, 학고재, 2010
『영국인 재발견』, 권석하 지음, 안나푸르나, 2013
『영국인 재발견 2』, 권석하 지음, 안나푸르나, 2015
『영국적인, 너무나 영국적인』, 박지향 지음, 기파랑, 2006
『유럽 문화 탐사』, 권석하 지음, 안나푸르나, 2015
『킹 제임스 성경의 4중 우수성』, 도널드 A. 웨이트 지음, 정동수 옮김, 그리스도예수안에, 2006
『킹 제임스 흠정역 성경전서』, 그리스도예수안에, 2011
『책 읽는 삶』, 두란노, 2021
『A Literary History of the Bible: From the Middle Ages to the Present Day』, Geddes MacGregor, Abingdon Press, 1968
『British English A to Zed』, Norman W. Schur, Skyhorse Publinshing, 2013
『In the Beginning: The Story of the King James Bible and How it Changed a Nation, a Language, and a Culture』, Alister McGrath, Achor Books, 2001
『The Bible』, Authorized King James Version
『Why We Say, What We Say!』, Danny C. Doege, 1994

[인터넷 자료]

http://www1.cbn.com/churchandministry/from-gutter-to-heaven%3A-the-role-of-the-kjv-in-development-of-the-english-language

http://www.christianitytoday.com/ct/2011/may/worldwithoutkjv.html

http://www.dailyrecord.co.uk/news/uk-world-news/how-the-king-james-bible-still-1098240

https://www.theguardian.com/science/2012/may/19/richard-dawkins-king-james-bible

http://www.dailyrecord.co.uk/news/uk-world-news/how-the-king-james-bible-still-1098240